머슴이나 보내지, 공부는 무슨

오늘의 내가 있게 한 모든 분들과
작은 형님 내외,
영원한 내 편 사랑하는 나의 아내에게
이 책을 바친다.

머슴이나 보내지,
공부는 무슨

박철곤 지음

북마크

이야기들

추천사 · 008
머리말 · 010

하나 돌아보면 기적이어라

0.001퍼센트의 확률 · 016
총리께서 급히 찾으십니다 · 020   고시 삼관왕 · 026
내 키는 131센티미터 · 030   기록 제조기 · 035
점심 두 번, 저녁 세 번 · 043
올빼미의 유전학 · 049

둘 세한풍경(歲寒風景)

배틀고개의 추억 · 054
어머니 · 059   일찍 철든 아이 · 066
사흘을 굶으면 · 069
세상에서 가장 맛있는 떡 · 073   경계에서 · 078

셋 머슴이나 보내지, 공부는 무슨

꿈은 삶의 이정표가 된다 · 084   고집은 벽창호입니다 · 089
머슴이나 보내지, 공부는 무슨 · 095
신문배달료 480원 · 100   칭찬의 힘 · 104
오로지 공부만 한번 해볼 수 있었으면 · 108
산사의 추억 Ⅰ·Ⅱ·Ⅲ · 115   그대 머리 위에 광채가 · 131

넷 나는 공무원이 아니었다

사스(SARS)의 성공적 퇴치·138   남산 등산은 어때?·146
어두우면 불 켜고 하면 되지·154
다른 만큼 성공한다·161   청와대 수석과의 담판·166
사흘 밤샘으로 완성한 통합방송법·176   독립기념관·184
총리실 해결사·189   원숭이 사냥법·197

다섯 시 읊는 CEO

주식시장과 인력시장·202
1번 독수리, 낙하 준비 끝·209
고객감동·218   가장 큰 '빽'은 자기 자신·224
사장님, 그거 작업용이죠?·228

여섯 사람은 무엇으로 사는가

한 권의 책·234
선생과 선생님·239
행운과 불운의 차이도 실력이다·250
만세 부르지 못한 고시합격·256
뿌리를 뽑아야·265   나는·272

추천사

꿈과 영감을 얻으리라는 확신으로……

나는 박철곤이라는 사람을 잘 안다. 그냥 잘 아는 것이 아니라 참 잘 안다. 소위 절친이다. 나하고는 행정고시에 같이 합격한 이후 30년 이상을 함께해 왔고, 동기들 중에서도 지금까지 가장 가깝게 지내는 사이이니 아주 잘 아는 것이 당연하다.

그는 사무관 임용 이후 고속 승진을 거듭하면서 발군의 업무 능력을 과시하는가 하면, 고시 동기들의 중심으로서 뛰어난 리더십과 친화력을 보여주었고, 약속을 지키는 사람으로 많은 사람으로부터 신뢰를 받고 있다. 그러나 그는 지금도 강북의 낡은 아파트에 살면서 20년 가까이 된 중고차를 몰고 다닐 정도로 가난하고 청빈한 공직자이기도 하다.

그런데 나는 박철곤이란 사람을 잘 모른다. 연수원 시절 그는 잘 드러나지 않았다. 조용하며 말수가 적고 약간은 수줍어하기까지 하였다. 그러던 그가 연수를 마치면서 동기 회장이 되더니 줄곧 선두주자로서, 맏형으로서 동기들의 중심에 있었다. 처음에 보던 그가 아니었다.

난마처럼 얽힌 복잡한 사안들을 쉽게 풀어내고 할 일을 찾아서 끌고 나가는 그의 능력과 안목에 놀라곤 한다. 공사의 사장이 되더니 공사를 완전히 바꾸어 놓았다는 이야기도 들린다. 도대체 그의 능력의 한계와 사고의 범위가 어디까지일까 나는 궁금하다.

그는 언제나 웃는 얼굴에 빨간색, 노란색 넥타이를 즐겨 매고, 신참 직원과도 스스럼없이 같이 어울렸다. 그를 찾는 곳에는 어디든지 달려가다 보니 마당발로 소문이 나 있기도 하다. 고위 공직자들이 흔히 갖는 권위의식이나 딱딱함과 거리가 멀었으며 유연한 사고를 바탕으로 형식에 구애받지 않고 소통하는 사람이었다. 또한 그는 과장 시절 청와대 수석에게 달려가 담판을 짓는가 하면, 방송 카메라 앞에 서면 더 달변이 되는 배짱을 갖고 있다. 이렇게 전혀 찌들어 보이지 않는 그가 정말 역경을 딛고 일어선 인간 승리의 표본이라는 것도 늦게야 알았다.

그는 언제나 상상을 뛰어넘는 생각을 하고, 우리가 꿈도 꾸지 못하는 일들을 끊임없이 추구한다. 그래서 갈수록 나는 그를 알 수 없다는 생각을 했다.

이번에 그가 쓴 자전적 에세이를 읽으면서 그의 삶, 생각들을 새롭게 이해하기도 하였지만 나의 궁금증은 오히려 더욱 키졌다.

도대체 어떻게 그 힘든 역경을 헤쳐 나올 수 있었을까?

어떻게 이렇게 다른 사람과 다를 수 있을까?

동시대를 힘들게 살아온 기성세대는 물론 내일을 고민하는 젊은 세대들에게도 일독을 권한다. 반드시 자신을 일깨우는 꿈과 희망의 영감을 얻으리라는 확신으로.

2014년 1월

금융감독원장 **최 수 현**

머리말

다시, 아침을 맞으며

저마다 차이는 있겠지만, 사람들은 주기적으로 혹은 어떤 계기를 통해 자신의 인생을 돌아볼 때가 있다. 하루하루의 일상을 소중하게 기록하는 사람도 있고, 죽음을 앞두고서야 한 번쯤 진지하게 삶을 반추하는 사람도 있으리라. 내 경우에는 어느 평범한 아침에 불현듯 내가 걸어온 길을 회고하고 싶은 순간이 찾아왔다.

사실은 평범하다고만 할 수 없는 아침이었다. 바로 전날 나는 30여 년의 공직생활을 갑자기 마감했던 것이다. 이임식을 마치고 돌아온 그 저녁, 나는 약간의 허전함과 피로감 외에 말로 표현하기 어려운 해방감을 느꼈다. 마치 오랫동안 전장을 누비던 말이 고삐에서 풀려나 비로소 자유를 찾은 것처럼, 나는 내가 짊어졌던 무거운 짐을 덜어내고 초원으로 돌아온 느낌이었다. 공무원이라는 직업은 내게 무한한 자긍심을 주는 천직인 동시에 하나의 강박으로 작용하기도 했던 모양이다.

민간인의 신분으로 돌아온 그날 밤 나는 아주 오랜만에 홀가분한 마음으로 잠자리에 들었다. 매일 새벽 산적한 과제와 빡빡한 일정의 중압감 속에 무거운 몸을 일으켜야 하는 부담감에서 벗어난 상쾌한 아침을 상상하면서.

하지만 잠에서 깨어났을 때 내가 느낀 것은 해방감이 아니었다. 오히려 커다란 허무감과 걷잡을 수 없는 혼란이 찾아왔다. 마치 더듬이가 잘려나간 곤충처럼 꽤나 오랫동안 혼란스러웠다. 적어도 그 전날까지 내 삶에는 일정한 생활양식과 뚜렷한 목표가 있었다. 하지만 그 아침에는 그것이 없었다.

한 시간가량 멍하니 누워 천장만 바라보다가 나는 비로소 내가 살아온 인생을 정리해보기로 했다.

틈틈이 옛날의 기억과 생각의 편린을 찾아내 끄적여보기를 수없이 반복했다. 겨우 초고를 만들어 놓고도 다시 많은 시간을 흘려보냈다.

그냥 내놓기에는 너무나 부족하고 부끄러웠기 때문이다.

그러던 어느 날 아침 나는 다시 깨달았다. 마치 5년 전의 그 아침처럼. 운 좋게 다시 주어진 공직 2라운드로써 공직 사장 임기도 얼마 남지 않았는데 이제는 정말 지금까지의 삶을 되돌아보고 정리해야만 한다고 다짐하였다.

지나온 날들을 되돌아보면서 참 많은 것을 깨달았다. 참으로 모질고 힘든 삶을 잘도 견디면서 치열하게 살아왔구나. 어쩌면 기적일지도 모른다. 스스로 대견하다는 생각도 했다. 그러나 그보다도 오늘의 내가 존재할 수 있었던 것이 많은 사람들의 애정과 도움, 희생 덕분이었음을 깨닫고는 가슴이 먹먹해졌다.

오늘이 있게 해준 하느님, 부처님 아니, 세상의 모든 이들에게 감사하다고 한없이 절하고 싶은 마음이다. 그리고 바람 앞의 촛불처럼 약하고 위태롭던 나의 손을 잡아 일으켜주신 김조현, 유병룡, 이종경…… 선생님들…….

누구보다도 여자의 몸으로 철없는 칠남매를 키워내느라 날마다 피눈물을 삼키셨을 어머니, 병석에서 안타까운 마음으로 자식의 성공을 기원하셨을 아버지, 어려울 때마다 힘이 되어준 형님들, 누님, 동생들 모두에게 고맙다는 인사를 하지 않을 수 없다. 특히 자신을 돌보지 않고 부모·형제를 위해 희생만 하신 작은 형님, 형수님께는 말로 감사의 뜻을 다 표현할 수가 없다.

또한 부끄러움에 망설이는 나를 채근하여 이 책이 빛을 보도록 해준 후배 정기국 사장의 공을 말하지 않을 수 없다.

마지막으로 나의 아들·딸 정원, 예원아 사랑한다. 그리고 부모님의 사랑을 듬뿍 받으며 부족함 없이 자라났지만 가난한 공직자와 결혼하여 가난에 눈물 흘리면서도 언제나 묵묵히 든든한 응원자가 되어준 영원한 내 편, 사랑하는 아내에게 한없는 감사를 보낸다.

2014년 1월

박철곤

하나,
돌아보면 기적이어라

0.001퍼센트의
확률

그 명예는 나 한 사람을 위한 것이 아니었다. 지금의 내가 있기까지 나를 믿어주었던 분들에게 헌사하기 위한 명예였다. 그분들을 통해 나는 사람이 살아가는 데 진정으로 필요한 것이 무엇인지 깨달았고, 그분들이 그러했듯 따스한 눈으로 세상을 바라보고 보듬고자 노력했다. 그렇게 밝은 세상을 향해 걸어왔다.

돌이켜보면 내 유년과 청년기는 지독히도 모질었다. 도저히 벗어날 수 없을 것 같은 가난의 질곡이 어두운 그림자처럼 늘 따라다녔다. 힘겹고 어려운 성장 과정을 거치다 보면 대부분 둘 중 한 부류의 삶을 살게 된다. 오로지 자신만 생각하는 모진 사람이 되거나, 남의 아픔을 그냥 넘기지 못하는 가슴 따뜻한 사람이 되는 것이다.

내 삶의 방식은 과연 어떠했는가. 그 질문에 대한 답을 찾기 위해 가장 먼저 떠올린 장면은 30여 년 전의 어느 하루였다.

1981년 12월 30일, 나는 제25회 행정고시에 최종 합격했다. 대학 4학년에 재학 중이었지만 그때 나이 서른 살. 다른 사람에 비해 터무니없이 늦은 출발이었지만, 내가 살아온 과정에 비추어본다면 그것은 성공

확률 0.001퍼센트 이하의 기적이었다. 돌이켜보건대, 그 기적을 만들어 낸 것은 오직 '신념' 하나였다.

1982년 1월 하순경, 중앙청 중앙홀에서 합격증을 받고 그해 3월 21일 중앙공무원교육원에 입소했다. 정문으로 들어서자 커다란 입석에 새겨진 선명한 문구 하나가 눈에 들어왔다.

'내 일생 조국과 민족을 위해.'

'그래, 이 문을 들어서면서부터 나는 그리고 그리던 공직자가 되는 것이다. 나는 어떤 공직자가 될 것인가?' 정문에서부터 본관의 등록장으로 가면서 참 많은 생각을 했다.

오랫동안 간절히 원했던 꿈을 드디어 이루었다. 하지만 이제 겨우 첫 관문을 통과했을 뿐이다. 그 이후의 삶이 더욱 중요하다. 나는 어떤 모습의 공직자가 될 것인가, 어떤 가치를 위해 살아갈 것인가? 스스로 묻고 답하면서 분명한 결론을 내렸다.

공직에서 얻을 수 있는 것은 세 가지가 있으리라. 바로 돈과 권력 그리고 명예. 먼저 돈. 하지만 돈을 벌기 위해서는 공직이 아닌 사업을 해 큰 부자가 될 꿈을 꿔야지 떳떳지 못한 돈에 일생을 거는 것만큼 미련한 일은 없다. 그렇다면 다음 권력. 역사를 들여다보면 권력은 허망한 것. 끝이 좋지 않았다. 더군다나 위임받은 업무에 따르는 권한을 자신의 것으로 착각해 오류를 범하는 사례도 많았다.

그리고 마지막으로 명예.

"그래 명예 OK! 행정고시에 뜻을 두었던 초심 그대로 국가와 민족을 위해 보람 있는 일을 하고, 그 일을 통해 역사의 한 페이지에 작은 벽돌 하나라도 쌓을 수 있다면 그것이야말로 돈과 권력보다 가치 있는 일이지. 그리고 내가 떠난 뒤 남은 주위 사람들과 후배들이 나를 훌륭한 공직자로 기억해준다면 내 삶은 나름대로 값있고 의미 있는 생애가 되리라."

실제로 그날 내가 내린 결정은 이후 30년에 가까운 공직생활에서 빼놓을 수 없는 가치 판단의 기준이 되었다. 어떤 상황에서도 사심을 버리고 오직 신념을 위해 일할 수 있었으며, 단 한순간도 유혹 앞에 굴복하지 않았다.

어렸을 때부터 품어온 국가에 대한 남다른 꿈, 조국과 민족에 보람있는 일을 하기 위해 행정고시에 도전했던 그 뜻을 잊지 않았고, 그리하여 공직을 떠나는 순간까지도 자부심과 명예를 지킬 수 있었다. 하지만 그 명예는 나 한 사람을 위한 것이 아니었다. 지금의 내가 있기까지 나를 믿어주었던 분들에게 헌사하기 위한 명예였다.

그분들을 통해 나는 사람이 살아가는 데 진정으로 필요한 것이 무엇인지 깨달았고, 그분들이 그러했듯 따스한 눈으로 세상을 바라보고 보듬고자 노력했다. 그렇게 밝은 세상을 향해 걸어왔다.

돌아보면 나는 0.001퍼센트의 확률을 실현해왔다. 이미 말했듯, 그런 삶을 가능하게 한 것은 사람에 대한 믿음과 스스로의 신념이었다.

어린 시절부터 나는 많은 시련과 고통의 시간들을 견뎌야 했다. 돈이 없어 하고 싶은 공부를 중단해야 했고, 굶주림과 추위를 참으며 고학을 이어나갔으며, 홀로 앓아누운 자취방에서 천장을 보며 눈물을 흘린 적도 많았다. 하지만 만약 그 시련의 고비 고비에서 조금이라도 잘못된 선택을 했거나 고통 앞에 무릎을 꿇었다면 지금 나는 음지의 인생을 살고 있을 것이다. 확률 99.999퍼센트.

하지만 어려운 순간에도 항상 꿈과 목표를 잊지 않았고 결코 그 길을 벗어나지 않았다. 무력감과 유혹이 삶을 무겁게 짓누를 때도 나는 오히려 의지를 굳게 다졌다. 힘겨운 시련 속, 힘이 되어주는 한 마디 말을 떠올리면서……

'어려운 일은 있어도, 안 되는 일은 없다.'

그리고 그때마다 기적처럼 세상은 내게 하나의 길을 열어주었다. 노력하면 어떻게든 길이 열렸고 수많은 인생의 조력자들이 그 길로 나를 안내했다. 그것이 내가 양지에 남아있을 확률 0.001퍼센트의 행운을 거머쥘 수 있었던 힘의 근원이다.

어쩌면 지금부터 내가 들려주고자 하는 이야기들은 나를 지켜주고 믿어준 이들에 대한 감사의 마음인 동시에 내 신념에 대한 솔직한 고백이 될 것이다.

총리께서 급히 찾으십니다

알 수 없는 일이었다. 아침에 교체 명단에 내 이름이 있었는데 정 수석이 대충 보는 바람에 내 이름을 기억하지 못하는지, 아니면 실제로 없었는지 어떻게 알겠는가. 그렇다고 이제 와서 그 경위를 밝힐 수도 없고, 밝힐 필요도 없다. 그날 하루는 그렇게 지나갔다.

"총리께서 급히 찾으십니다!"

국무차관으로 재임 중이던 2009년 1월 19일 10시 30분경, 나는 리먼 브러더스 사태 이후 매주 해오던 대로 각 부처의 실·국장들을 소집하여 '실업 및 고용안정 대책 TFT' 회의를 주재하는 중이었다.

갑자기 문이 열리면서 비서가 굳은 표정으로 성큼성큼 걸어 들어오는 것이 보였다. 대단히 이례적인 일이었다. 아무리 급한 일이 있어도 회의 중에는 진행에 방해가 되지 않도록 조심스레 들어와 메모지를 건네주고 가는 것이 보통이다.

한승수 총리가 급히 찾는다는 전갈이었다. 심상치 않은 상황임을 직감하고, 옆자리의 김석민 조정관에게 회의 진행을 부탁한 후 급히 문을 열고 나갔더니 총리 수행과장이 서 있는 것이 아닌가.

늘 총리 옆에 대기하면서 수행하는 사람이 직접 나를 찾아온 걸로 보아 굉장히 긴급한 상황인 것을 알 수 있었다. 뛰듯이 총리 집무실로 달려갔더니 문 앞에서 조중표 국무총리실장이 나를 기다리고 있었다. 함께 문을 열고 들어서니 총리가 초조한 듯 집무실 안을 서성거리는 모습이 보였다. 곧 총리와 눈이 마주쳤다.

"박 차관! 박 차관 자리에 박영준 씨를 보내야겠다고 방금 비서실장으로부터 연락이 왔네."

총리의 이야기는 전혀 예상하지 못한 일이었고, 잠깐 동안 그 말을 되짚어 생각하고 나서야 그 뜻이 명확하게 정리되었다. 이제 그만 자리에서 떠나라는 면직 통보인 것이다.

후임으로 거론된 박영준 씨는 실체를 확인할 수는 없지만 이명박 정부 초기 실세로 꼽히던 사람으로, 당시에는 청와대 국정기획비서관에서 물러나 잠시 쉬고 있던 중이었다.

"그래서 내가 박 차관을 그냥 내보내면 안 되고 다른 차관 자리에라도 보내야 한다고 이야기했더니, 정 실장도 그렇게 하자고 했네. 그런데 말이야 오늘 2시에 장·차관 인사 발표할 때 그 내용이 포함될 수 있을지는 모르겠네. 혹시 포함되지 않더라도 놀라지 말고 기다리게. 절대 오래 쉬게 하지는 않을 테니까."

"네, 총리님. 알겠습니다. 신경 써주셔서 정말 감사합니다."

인사를 하고 돌아서 나왔다. 마음이 황망했다. 평생 몸담았던 공직생활이 이렇게 갑작스럽게 끝난다는 생각에 가슴이 뻥 뚫린 듯 허탈하기도 했다.

회의장으로 가지 않고 곧장 내 방으로 돌아와 비서에게 오후 스케줄을 전부 취소하도록 지시했다. 하지만 점심시간이 다 된 터라 변도윤 여성부 장관과의 오찬 약속은 취소할 수 없어 예정대로 나갔다. 아직 발표 전이라 이임통보를 받았다는 말을 할 수가 없었다.

여성부 업무가 원활히 수행될 수 있도록 총리실에서 협조해달라고 요청하는 변 장관의 얼굴을 보면서 그저 "예, 예" 하며 고개를 끄덕이는 일밖에 할 수가 없었다. 얼굴은 웃고 있었지만 마음은 착잡했다.

사실 이날 일부 장·차관이 교체된다는 것은 대강 알고 있었던 일이었다. 내 후임자가 된 박영준 씨는 행안부 1차관으로 내정되어 있다고 들었고, 나는 이번 인사에 포함되지 않는 것으로 알고 있었기에 여느 날과 다름없이 일찍 출근해서 회의를 주재하던 중 일이 벌어진 것이다.

그날 오후 2시에 일부 장·차관의 인사발령에 관한 정부 발표가 있었지만 나의 새로운 근무처에 관한 내용은 포함되어 있지 않았.

발표 후 2, 3분이나 흘렀을까. 청와대 정동기 민정수석으로부터 전화가 걸려 왔다.

"박 차관, 대체 어떻게 된 거요?"

"이보시오! 내가 물어볼 말을 당신이 물어보면 어떡합니까?"

"아침에 교체 명단을 봤을 때는 박 차관 이름이 없었는데 갑자기 발표에 포함되어 있어서 놀라서 물어보는 거요."

알 수 없는 일이었다. 아침에 교체 명단에 내 이름이 있었는데 정 수석이 대충 보는 바람에 내 이름을 기억하지 못하는지, 아니면 실제로 없었는지 어떻게 알겠는가. 그렇다고 이제 와서 그 경위를 밝힐 수도 없고, 밝힐 필요도 없다. 그날 하루는 그렇게 지나갔다.

통상적으로는 발표 당일 이임식을 하고 떠나는 것이 관례지만, 나는 국무회의 배석 멤버인 관계로 다음 날 있을 국무회의 후로 이임식을 하루 늦췄다.

다음 날 아침 국무회의에 참석해 이임 인사를 하고 사무실에 돌아와 이임식을 했다. 이임식 때 많은 직원들이 눈물을 흘렸다는 얘기를 나중에 전해 들었다. 어려운 시절을 함께 동고동락했던 직원들, 나로 인해 서운한 순간도 있었겠지만 나를 믿고 따라와준 직원들, 각자 자기 자리에서 맡은 바 역할을 100퍼센트 이상 해준 직원들에게 이 자리를 통해 감사의 인사를 전하고 싶다.

이임식을 마치고 청와대에 가서 수석과 비서관들에게 그간의 협조에 감사의 인사를 하고 집에 왔다. 참으로 긴 하루였다. 그날, 이임식 직전 총리 집무실에서 총리와 단둘이 차 한잔을 할 기회가 있었다.

"박 차관을 다른 부서 차관이나 청장으로라도 가게 하자고 정 실장과 얘기를 했으니, 혹시 희망하는 곳이 있으면 말해보게."

"떠나는 마당에 마음 써주시는 것만으로도 고맙습니다. 혹 기회가 주어진다면 어느 자리로 가든 열심히 하겠습니다."

"아닐세. 희망하는 곳이 있으면 말해보게. 내가 요청해놓을 테니까."

"아닙니다. 어느 곳이든 좋습니다."

말해보라는 재촉과 괜찮다는 사양이 여러 번 오가다가 이왕이면 더 잘할 수 있다고 생각되는 자리로 가는 게 좋지 않겠느냐는 말에 설득되고 말았다. 진행 중이던 업무와 관련 있는 곳으로 가면 현안을 처리하는 데 도움이 될 수 있을 것 같다는 생각에, 당시 큰 현안이 있던 부처를 이야기했다. 하지만 그것이 끝이었다.

공직에 뜻을 세운 후 수십 년간 열과 성을 다해 일해 왔건만 하루아침에 옷을 벗게 된 것이다. 참으로 허망했다. 영화 '사랑과 영혼'에서 남자 주인공이 갑작스런 교통사고로 죽은 후 자신이 죽은 사실을 깨닫지 못하고 주변을 떠도는 것처럼 그때 나도 그랬다.

평생을 지내온 광화문의 정부중앙청사를 지날 때마다 내가 그곳을 떠났다는 실감을 하지 못하고 아직도 그 안에 나의 정든 사무실이 나를 기다릴 것 같은 착각에 빠지곤 했다.

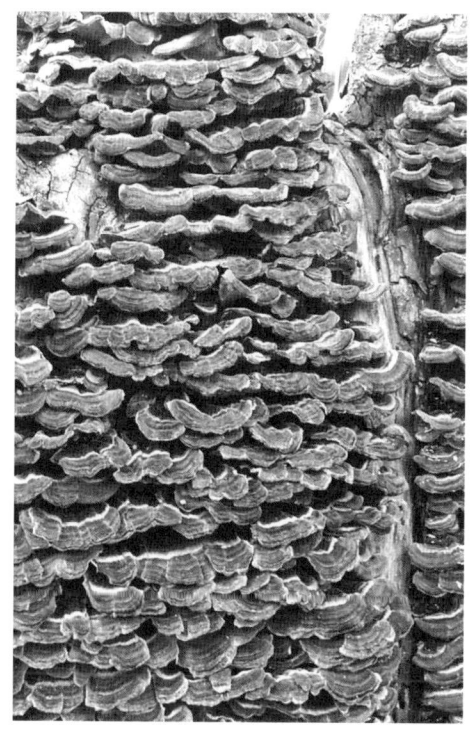

고시 삼관왕

만약 그 두 번의 고시가 없었다면 다음은 존재하지 못했을 것이라는 점에서 두 번의 검정고시는 내게 더 중요한 의미를 갖는다. 그것은 지금의 나를 존재하게 한 소중한 징검다리이며, 치열하게 살아온 내 삶의 증표이기도 하다.

한때 사람들은 내 많은 이력 가운데 유독 '행정고시 출신'이라는 점에 주목했다. 그때마다 나는 멋쩍은 웃음을 흘리면서도 내심 남들이 알지 못하는 사연을 떠올리곤 했다.

그들이 아는 것 외에도 나는 두 번의 고시 합격 기록을 더 가지고 있다. 다시 말해 고시 삼관왕인 셈이다. 어쩌다 그 사실을 밝히면 사람들은 놀랍다는 듯 나를 바라보곤 했다.

"혹시 사법고시까지 합격한 겁니까?"

잔뜩 기대를 머금은 표정으로 그들은 물었다. 그러면 나는 한결 진지하게 대답하곤 한다.

"아닙니다. 검정고시 두 번입니다. 하나는 고입 자격 검정고시이고 다른 하나는 대학 편입 자격 검정고시입니다."

 열이면 아홉, 대답을 들은 상대는 한결같이 실소를 터뜨리곤 한다. 하지만 만약 그 두 번의 고시가 없었다면 다음은 존재하지 못했을 것이라는 점에서 두 번의 검정고시는 내게 더 중요한 의미를 갖는다. 그것은 지금의 나를 존재하게 한 소중한 징검다리이며, 치열하게 살아온 내 삶의 증표이기도 하다.

 초등학교를 졸업할 당시 나는 모 사립중학교에 3년 장학금을 받고 합격했음에도 중학교 진학을 크게 기대하지 않았다. 뒷바라지를 바랄 수 없는 가난한 가정 형편 때문이었다.

 다행히 어머니의 집념과 희생 덕분에 나는 고학을 하며 어렵게나마 중학교에 다닐 수 있었다. 비록 몸은 힘들었지만 미래를 꿈꿀 수 있었기에 늘 가슴이 벅찼다. 하지만 그 꿈이 무참히 짓이겨지는 일이 벌어졌다. 장학금에 포함되지 않은 재건학생회비 33원을 내지 못해 시험 도중 시험지를 빼앗기는 수모를 당한 것이다.

 시험을 보지 못해 일정 수준의 성적을 내지 못하면 자연히 장학생 자격을 유지하는 것도 어려워진다. 나는 크나큰 배신감과 절망에 치를 떨며 학교를 떠났다. 사실상 쫓겨나듯 중학교를 자퇴한 셈이다. 그 일은 어린 내게 큰 상처가 되었고, 오랫동안 아물지 않았다. 아직 어린 소년이 감당하기엔 지나치게 큰 시련이었던 셈이다.

 보통의 경우, 그런 상황에서는 세상을 원망하고 자신의 불운에 좌절하게 마련이다. 그리고 그런 원망과 좌절감은 그 사람의 삶을 음지로 이끈다. 나 역시 크게 다르지 않았다. 암담한 미래가 두려웠고 모든 게 원망스러웠다. 만약 내가 그때 그대로 주저앉았다면 아마도 평생을 음지 속에서 살았을 것이다.

하지만 나는 다시 일어섰다. 평생을 가난이나 원망하며 살고 싶지 않았다. 무엇보다 끝까지 나를 믿어준 가족들을 실망시키고 싶지 않았다. 결국 나는 고입 자격 검정고시를 치르고 당당히 합격했다.

중학교 진학조차 어려웠던 내 형편에 고등학교 진학은 꿈이나 다름없었다. 그렇기에 나 스스로도 불가능하다고 여겼다. 그럼에도 굳이 검정고시를 치른 이유는 아무것도 하지 않은 채 주저앉고 싶지 않다는 마음 때문이었다.

그런데 세상일이란 참 묘한 것이어서 나는 꿈에 그리던 고등학교에 입학해 공부를 이어나갈 수 있게 되었다. 내가 나 자신을 포기하지 않았던 것처럼, 어머니 그리고 형님들이 당신들의 인생을 희생해가면서까지 나를 고등학교에 입학시키기로 뜻을 모았던 것이다.

당시 일자리를 찾아 부산에 있었던 형님들을 찾아갔고, 그곳에 있는 고등학교에 입학하게 되었다. 그렇게 해서 내 인생의 큰 시련 하나를 이겨낼 수 있었다. 그러고 보면 내 첫 번째 고시 합격은 '포기하지 말고 도전하라'는 인생의 교훈을 뼛속까지 각인시킨 의미 있는 사건이었다.

두 번째 고시인 대학 편입 자격 검정고시 역시 인생의 전환점으로 작용했다. 군 제대 후 나는 방송통신대학을 다니며 행정고시를 준비했다. 여전히 가난이라는 굴레 때문에 마음 편히 공부할 수 없었지만 그것이 오히려 학구열을 더 자극했던 것 같다. 이왕 시작한 공부, 방송통신대 2년 과정으로 끝낼 것이 아니라 다른 대학교에 편입해서 4년 과정을 모두 마쳐야겠다는 생각이 들었다. 인생을 좀 더 크게 멀리 보고자 하는 마음 때문이었다.

결국 나는 많은 어려움을 극복하고 시험에 도전해 합격했고, 편입시험을 거쳐 한양대학교 고시반에 입실하는 기회까지 얻었다. 언젠가 기회가 되면 자세히 이야기하겠지만, 한양대 고시반에서의 시간은 내 인생에서 가장 행복하고 소중한 시간이었다. 그리고 그 시간은 내 인생의 세 번째 고시인 행정고시 합격의 든든한 발판이 되어주었다.

그렇게 나는 세 번의 고시를 거쳐 인생을 개척했다. 대부분의 사람들이 시험이라면 일단 고개부터 젓겠지만, 내게 있어 시험이라는 제도는 '기회'라는 말과 같다. 모든 것을 떠나 누가 더 치열하게 꿈꾸고 실천했느냐에 따라 승패가 갈린다는 의미에서 시험은 가장 정당하고 공평한 제도다.

물론 저마다의 환경 혹은 능력이 다르므로 세상의 모든 시험이 공평하다고는 할 수 없다. 특히 요즘처럼 부에 의해 학벌이 대물림되는 사회에서 시험이 가진 공정성은 많이 희석된 느낌이다. 하지만 노력 여하에 따라 그 모든 불리한 상황을 극복할 수 있는 제도적 장치라는 점에서 시험이라는 제도는 여전히 중요한 의미를 갖는다.

내 키는 131센티미터

가난을 이겨내고 싶은가? 그렇다면 방법은 오직 하나다. 이를 악물고 꿈을 향해 뚜벅뚜벅 걸어가라. 고난에 무릎 꿇지 마라. 결국 꿈이 모든 것을 이긴다.

'소금국'을 먹어본 적이 있는가? 소금국은 맹물에 소금을 넣고 끓인 것을 말한다. 어려운 집안 사정에 맨밥으로 끼니를 때우는 일이 잦았는데, 찬 없이 먹는 맨밥은 목이 메어 먹기가 쉽지 않았다. 이때 소금국을 끓여 밥과 함께 먹으면 조금은 수월하게 밥을 먹을 수 있었다. 그렇게 배고픔을 달래던 시절이 가끔 기억나곤 한다.

자수성가한 사람들의 단골 레퍼토리 가운데 하나가 가난이다. 천형 같은 가난을 극복하고 이루어낸 성공이 그만큼 뜻 깊기에 빼놓고 싶지 않은 이야기가 되는 것이다.

하지만 듣는 사람의 입장에선 고리타분하거나 지겨울 수도 있을 이야기다. 직접 경험하지 않은 사람들에게 가난은 썩 와 닿지 않는 이야기일 테니까. 그래서일까. 타인의 입을 통해 회고되는 가난은 종종 오해를 불러일으키곤 한다. 그것을 일종의 보상심리로 치부하거나 아예 추억거리로 생각한다고 오해할 수도 있다.

정말 그런 경우가 있을지도 모른다. 가난을 추억함으로써 현재 이루어낸 자신의 부 혹은 업적에 만족해하는 이가 있을 것이고, 가난을 극복했다는 점을 들어 자신을 입지전적인 인물로 부각시키려는 이가 있을 수도 있다. 하지만 설령 그런 사람들이 있다 하더라도 그것은 극히 일부에 불과하리라는 것이 내 생각이다. 적어도 내가 경험한 가난은 영원히 아물 수 없는 상처다. 그렇기에 나는 가난을 소재로 치유와 그것을 극복할 용기에 대해 이야기하고 싶은 것이다.

물론 몸소 겪지 않은 사람에게 가난은 하나의 추상일 뿐이다. 내게 아무리 절절한 사연일지라도 타인이 그것을 공감하기는 어렵다. 그래서 나는 내가 경험한 가난을 이야기할 때 구체적인 수치를 들곤 한다.

"중학교 1학년 신체검사 당시 내 키는 정확히 131센티미터였습니다."

현재 대한민국 청소년 평균 신장과 비교해보면 당시의 내 키는 20센티미터가량 작았던 셈이다. 물론 환경의 변화 덕분에 우리 아이들의 평균 신장이 훌쩍 커지기는 했다. 하지만 중학교 1학년 남학생의 키가 131센티미터라는 것은 과거에도 흔한 일은 아니었다.

참고로 지금의 내 키는 대한민국 남성의 평균신장과 대략 비슷한 수준이니 매우 다행스러운 일이다.

어쨌거나, 어린 시절 워낙 굶주린 탓에 나는 또래들보다 훨씬 왜소했다. 중학교에 들어가서도 사정은 달라지지 않았다. 어렵게 자취방을 구하긴 했지만, 제대로 된 식사를 할 수 없었다. 통금이 해제되지도 않은 새벽녘 주린 배를 감싸 쥐고 신문을 배달하기 위해 대문을 나서야 했고, 물로 허기를 달래는 게 일과처럼 여겨졌다.

그런 아들이 안쓰러워 어머니는 어렵게 마련한 쌀 몇 되를 자취방으로 가져오시곤 했다. 하지만 나는 어머니가 가시면 곧장 싸전으로 달려가 쌀을 값이 싼 보리쌀로 바꾸어 왔다. 조금이라도 양을 늘려서 오래 먹기 위함이었다.

우리 집 형편을 아는 사람들은 내가 중학교에 다니는 것 자체를 사치로 여겼다. 하지만 만약 내가 사는 모습을 가까이에서 하루라도 지켜보았다면 그것이 얼마나 치열한 싸움이었는지 알 수 있었을 것이다.

내게 '공부'는 꿈을 이루기 위한 유일한 길이었고, 결코 포기할 수 없는 선택이었다. 다행히 나는 공부가 재미있었다. 새로운 지식을 배우는 것도 즐거웠고, 공부 잘한다는 소리를 듣는 것도 좋았다.

하지만 가난은 나로 하여금 마음 편히 하고 싶은 만큼 공부할 수 있는 행복을 허락하지 않았다. 끼니는 고사하고 책을 살 돈조차 없었다. 남의 집 막일, 떠돌이 장사 등 어린 7남매를 위해 닥치는 대로 일을 하시던 어머니께서 간혹 상급생이 있는 집에서 책을 얻어다주시기도 했지만, 그것만으로는 턱없이 부족했다.

그렇다고 그 열악한 환경에 불만을 품을 수도 없었다. 당시의 내게 '사치'란 남들이 말하듯 중학교에 다닌다는 사실이 아니라 가난을 탓하며 무력하게 시간을 보내는 일이었다. 나는 어떻게 해서든 어머니의 믿음에 보답하고 싶었다.

책이 너덜너덜해질 때까지 읽고 또 읽었으며 수업에 집중했다. 새벽녘의 추위를 저주하는 대신 어머니의 어깨 위에 지어진 짐을 조금이나마 덜어드릴 방법을 찾았다. 하지만 당시 몇 푼이라도 벌지 않으면 학업을 할 수 없는 상황이었고, 연필을 팔고 신문배달을 하는 등 돈벌이에 나선 것도 그런 이유에서였다.

그런 하루하루가 쉬웠을 리 없다. 중학교 때부터 시작한 고학생활은 이후 고시공부를 할 때까지 줄곧 이어졌다. 내 기억에 남은 고학생활은 추위와 배고픔과 서글픔이다. 지금도 그때를 생각하면 목이 메고 눈시울이 뜨거워진다.

고생한 이야기를 너무 길게 늘어놓았다. 지금 세대는 공감하기 어렵다는 것을 잘 알면서도 굳이 내가 처했던 어려운 여건을 구구절절 이야기한 것은 결코 조건에 휘둘려 꿈을 포기하지 않기를 바라서이다.

젊은 날 고생했던 이야기를 하면 '그 시절에 다 그렇지 않았느냐'고 반문하는 사람들도 있다. 물론 1950~60년대는 절대적인 빈곤의 시대였다. 하지만 조건은 상대적인 것이다. 남들이 못 먹고 못 입는 정도로만 가난했다면 두꺼운 봉분처럼 무겁게 짓누르는 가난에 그처럼 몸부림치지 않았을 것이다.

요즘 젊은이들이 느끼는 가난의 내용은 예전과는 많이 다르다. 그렇다고 해도 그들의 호소를 배부른 소리 정도로 치부하면 안 된다. 비록 그때처럼 굶주리는 이들은 적겠지만, 여전히 상대적인 가난으로 고통받는 이들이 있다. 대학 등록금을 마련하지 못해 절망하는 학생, 돈이 없어 가고 싶은 어학연수를 가지 못해 애태우는 사람 등 저마다 안타까운 사연 하나씩은 갖고 있다.

하고 싶어도 여건 때문에 하지 못했던 경험이 많은 나로서는 조건 때문에 괴로워하는 사람들의 사연이 남의 일 같지가 않다. 하지만 조건을 핑계 삼아 꿈을 포기하는 모습은 결코 공감할 수 없다. 나는 가난 속에서도 대학원까지의 전 과정을 고학과 장학금으로 버텨냈다.

환경이 어려우면 꿈을 이루는 데 시간이 더 오래 걸릴 수는 있다. 게다가 어려운 환경이 좀처럼 개선되지 않고, 날이 갈수록 더 악화된다면 좌절하거나 분노할 수밖에 없다. 하지만 그것을 극복하지 못한다면 언제까지고 '가난'이라는 녀석에게 끌려다닐 수밖에 없다.

가난을 이겨내고 싶은가? 그렇다면 방법은 오직 하나다. 이를 악물고 꿈을 향해 뚜벅뚜벅 걸어가라. 고난에 무릎 꿇지 마라. 결국 꿈이 모든 것을 이긴다. 나는 그렇게 했다.

기록 제조기

우리 기성세대들이 그토록 일에 미쳤던 것은 소신 때문이었다. 비틀어진 것을 모두 바로 잡고, 점진적인 개혁과 발전을 이루어내겠다는 소중한 신념. 그리고 그 신념 위에 세워진 사회를 사랑하는 가족과 후손들에게 기꺼이 물려줄 각오가 되어 있었다.

얼마 전에 재미있는 기사 하나를 읽었다. 뉴욕총영사관에서 열린 '반기문 총장 성원의 밤' 행사에 관한 내용이다.

반기문 총장은 행사 일주일 전에 유엔 외교단 축구대회에서 왼손 골절 사고를 당했다고 한다. 어쩔 수 없이 손에 붕대를 감고 행사에 등장했는데, 단상에 오른 그는 참석한 손님들에게 능청스러운 인사를 건넸다.

"저는 5년 반 동안 불철주야로 열심히 일했습니다. 아내는 제발 좀 '브레이크(break·휴식)'를 취하라고 성화였죠."

그렇게 운을 뗀 그는 깁스한 손을 들어 보이며 말을 이었다.

"그 브레이크가 이 브레이크(골절)를 의미한 건 아닌데 말이죠."

좌중은 폭소했고, 반기문 총장은 비로소 '모든 여성, 모든 아이들(Every Woman, Every Child)'을 기치로 하는 모자 보건 프로젝트에 대해 진지한 자세로 연설할 수 있었다.

그 기사에서 내가 주목한 것은 반기문 총장 특유의 화술이 아니다. 그저 '5년 반 동안 불철주야로 열심히 일했다'고 자신 있게 말할 수 있는 그의 성실함에 감동했을 뿐이다. 장담컨대 지금의 그를 있게 한 것은 좌중을 즐겁게 하는 유머나 뛰어난 화술이 아니라 남들이 감히 짐작할 수 없는 성실함과 올곧음이었을 것이다.

돌이켜보면, 산업화 시대를 살아간 전 세대와 우리 세대는 지독하게 일과 싸워왔던 것 같다. 개인보다는 조직과 국가를, 휴식보다는 일을 더 소중하게 여겼다. 그리고 그것은 현재의 대한민국을 만드는 원동력이 되었다. 그 반작용으로 많은 사회 문제를 양산하기도 했으나 그들의 숭고한 희생이 폄하되어서는 안 된다.

물론 젊은 세대라고 해서 자기 일에 불성실하지는 않다. 오히려 조직만큼이나 가족과 자신의 가치를 소중히 여기고 있으니 어떤 면에서는 더 현명하기도 하다. 그들은 그들 나름대로의 방식으로 열심히 일하고 있다고 믿어진다.

그렇다면 나는 어떻게 살아왔을까? 참 지독한 일 중독자였던 것 같다. 굳이 자랑하자면, 나는 공직생활을 하면서 두 가지 깨지지 않는 기록을 세웠다. 첫째는 최다 기수차를 극복하고 승진한 기록이다. 공직 사회는 비교적 보수적이라 승진 시 기수를 중요시하는 경향이 있다. 그런데 나는 공직생활을 하는 동안 매번 승진 시마다 대한민국 역사상 전무후무한 기수 파괴 기록을 세운 것이다.

고시에 합격하면 처음에는 5급 사무관이 되는데, 이후 5급에서 서기관이 되는 과정에서 25회인 내가 8회 선배를 젖히고 승진했으니 무려 17기 차를 극복한 것이다. 이후 승진에서도 수많은 기록을 남겼는데 3급 승진 때에는 서기관 승진 때와 같은 선배를 추월해 승진했고, 2급 승진 때에는 중앙인사위 통과가 지연되는 우여곡절을 겪으며 15회 선배에 앞서 승진해 10기 차를 뛰어넘는 기록을 세웠다. 뿐만 아니라 1급 승진 시에는 11기 위의 선배가 내 밑에 있기도 했다.

이렇다 보니 내가 차관이 되었을 때 대부분의 고시 동기들은 초임 국장, 더러는 과장에 머무르는 사태가 발생하기도 했다. 대한민국 역사상 전무후무한 기록이라 알고 있다.

또 다른 기록은 대통령이 바뀔 때마다 한 단계씩 승진했다는 것이다. 전두환 대통령 때 5급 사무관으로 출발해 노태우 대통령 때 4급 서기관, 김영삼 대통령 때 3급 부이사관, 김대중 대통령 때 2급 이사관, 노무현 대통령 때 1급 관리관 그리고 마지막으로 이명박 대통령 때 차관을 지냈다. 이 역시 전무후무한 기록이다.

동기들은 물론 선배 기수들까지 젖히고 빠르게 승진한 내 기록을 보면 무슨 대단한 '빽'이라도 가진 것이 아닐까 오해할 수 있다. 하지만 나는 그 누구에게도 승진을 위해 부탁해본 적이 없다. 그저 주어진 일을 열심히 한 것뿐이다.

인맥을 넓히기 위해, 누구에게 잘 보이기 위해 애쓴 적은 없지만 공직생활 내내 무섭도록 일했다. 앞뒤 가리지 않고 성심껏 일을 하다 보니 자연히 일 똑 부러지게 잘하는 사람이라는 소문이 났고, 찾는 곳이 많아졌다. 그게 내 승진의 비결이었고, 기록 제조기라는 별명을 갖게 된 배경이다.

결코 쉬운 일은 아니었다. 때로는 힘에 겨웠으며 가족에게 늘 미안했다. 요즘은 대부분의 사무 업무가 전산화되어서인지 서류 뭉치를 싸들고 퇴근하는 남자들의 모습을 좀체 볼 수 없다. 저녁시간 지하철을 나서는 직장인들을 보아도 그가 오늘 밤샘 작업을 할 것인지, 아니면 산뜻하게 업무를 털어내고 집으로 돌아가는 것인지 분간하기 어렵다.

실제로 일거리를 싸들고 퇴근하는 남자들은 흔치 않다. 어쩌다 일거리가 밀려도 직장에서 적당한 시간까지 야근을 하지 집에 일을 가져가지는 않는다. 아내 눈치가 보이기 때문이다.

그런 면에서 내 아내는 꽤나 속 좋은 사람이었던 것 같다. 신혼 초부터 일거리를 싸들고 와서 새벽까지 일에 묻혀 사는 남편에게 잔소리 한 번 없었던 것을 보면 말이다. 그때는 정말 일에 미쳐 살았다. 바쁘게 살 팔자였던지 공직에 정식으로 첫발을 딛는 순간부터 일복이 터졌다.

보통은 행정고시에 합격하면 지방 수습 6개월, 중앙부처 수습 6개월을 거쳐 정식으로 근무하게 된다. 그런데 내 경우는 지방 수습 6개월을 마치자마자 바로 보직을 받아 정식 업무를 시작했다. 당시 총무처 소청심사위원회 행정실에는 사무관이 다섯 명 있었는데, 그중 한 명이 군대를 가서 결원이 생겼다. 그 자리에 법대 출신을 보내달라는 요청이 있어서 정식 수습도 거치지 못한 내가 사무관 보직을 받고 일을 하게 된 것이다.

원래 수습사무관은 이 과 저 과 다니며 두루 일을 익힌다. 딱히 맡겨진 일이 적어서 보통은 시간이 남아돌게 마련이다. 어쩌다 점심 식사를 마치고 동기들을 만나면 모두 당구장으로 몰려가 남은 시간을 즐겼다. 하지만 나는 한 번도 그들과 어울리지 못했다. 동기들은 그런 나를 이해하지 못했으나, 내겐 나름대로 고충이 있었다.

내가 행정실 근무를 시작한 그해는 소청심사제도가 생긴 지 20년 되던 해였다. 때맞춰 유준태 행정실장님으로부터 20년을 결산해보자는 이야기가 나왔고, 내가 그 업무를 떠맡게 되었다.

의욕은 좋았으나, 막상 시작하려고 보니 지난 20년 동안 접수된 총 소청 건수나 구제 사례 등의 기본적인 통계조차 없는 상황이었다. 우선 통계를 내야 하는데, 전산망이 없던 당시로서는 그야말로 감당이 안 되는 일이었다. 문제는 그것만이 아니었다.

소청심사를 하다 보면 판단이 애매한 사건들이 있게 마련이다. 이런 사건들은 법원에서 판례를 참조하듯이 과거 사건에 대한 결정들을 참조해야 하는데, 역시 20여 년 동안의 결정 예를 정리한 자료가 없었다. 1년을 마무리하면서 그해의 중요한 결정문들을 모아놓은 '인사소청결정문'이란 책이 전부였다. 그나마도 목록조차 정리되어 있지 않아서 결정문을 찾아보려면 20권을 하나씩 다 들춰봐야 하는 상황이었다.

20년간의 통계를 내는 일이나 20권의 결정문집을 분석해 체계적으로 정리하는 일 모두 엄청나게 방대한 작업이었다. 하지만 누군가는 꼭 해야 할 일이라 생각하고 겁 없이 두 가지 일에 착수했다. 다행히 당시 상사였던 유준태 실장님과 호흡이 잘 맞았다. 이제 갓 사무관이 된 나를 전적으로 믿고 지원해주어 힘든 줄 모르고 재미있게 일을 할 수 있었다.

우리는 우선 그간의 통계 정리와 함께 소청심사제도의 실효성 추적 조사를 병행했다. 20년간의 사건을 통계 처리하는 일은 번거롭기는 하지만 까다롭지는 않았다. 접수대장이 있는 것은 있는 대로 정리하고, 없는 것은 정부기록보존소(정부기록원)에 가서 통계를 복사해왔다. 또한 기록원에서 접수대장을 뒤져 소청 당사자의 주소를 찾아내고 그들에게 일일이 설문지를 보내 소청 처분에 대한 평가를 수집해야 했다.

당시는 전산업무 초기였기에 기록 분석이 가능한 곳은 총무처의 정부전자계산소밖에 없었다. 그나마도 펀처(여직원)들이 카드에 구멍을 뚫고 그 구멍에 빛을 비추며 통계를 내는 원시적 전산 시스템이었다.

정부전자계산소에 우리 쪽에서 수집한 자료를 전산 분석해주도록 부탁하자 그쪽 직원들은 하나같이 난색을 표했다. 그들로선 업무 외의 일이었고 간단히 끝날 작업이 아니었기 때문이다. 하지만 유준태 행정실장님이 직접 찾아가 협조를 요청하는 것으로 일을 추진할 수 있었.

통계가 나온 후의 자료 정리도 쉽지 않았다. 우선 항목을 나누고 각 항목에 따라 통계 결과를 하나하나 분석해야 했다. 밤낮 없이 그 일에 매달렸다. 사무실에서 하다가 늦으면 집으로 자료를 싸들고 갔다. 전산 분석지를 잔뜩 안고 버스에 오르면 사람들의 시선이 모두 내게 쏠렸다.

한번은 서류 뭉치를 들고 버스 정류장에서 내려 과천 집까지 눈 쌓인 길을 낑낑거리며 걸어갔다. 무사히 도착했다 싶었지만 아파트 단지 내 보행로를 따라 걷다가 그만 미끄러지고 말았다. 그 바람에 전산지가 바닥 여기저기로 흩어져버렸다. 엉덩이의 통증이나 민망함보다는 흩어진 서류들을 어떻게 수습하느냐 하는 문제 때문에 한숨이 터져 나왔다.

그런데 그때 낯익은 모습이 시야에 들어왔다. 어떻게 알고 나온 것인지 길 저편에 아내가 모습을 드러낸 것이다.

가로등 불빛을 받고 선 채 안쓰러운 눈길로 나를 보던 아내는 천천히 다가와 사방에 흩어진 분석지를 한 장 한 장 줍기 시작했다. 신혼 초의 새댁인 아내로선 내가 원망스러웠을 법도 한데 한 번도 내색하지 않았다. 그리고 난 그런 아내에게 늘 미안한 마음을 가져야 했다.

어쨌거나, 그렇게 해서 1년 만에 만들어진 책이 바로 〈소청심사제도 실효성에 관한 분석〉과 20년 동안의 주요 결정문 자료를 정리한 〈소청결정요지집〉이다.

사투라고 해도 좋을 만큼 힘겨운 작업이었으나, 그 결과물이 나온 다음의 반응은 폭발적이었다. 책이 각 부서로 돌면서 우리 부서의 작업에 관한 소문이 퍼지기 시작했다. 아직 뭐가 어찌 돌아가는지도 모를 신입 사무관의 주도로 그런 방대한 작업이 이루어졌다는 사실이 무엇보다 큰 이슈가 되었고, 그 일을 기획한 유 실장님에 대한 칭송도 잇따랐다.

그 일 이후 인사철만 되면 각 부서의 실무 과장과 국장들이 나를 보내달라고 적극적으로 요청했다고 한다. 그러니 개인적으로도 가치 있는 작업이 된 셈이다.

어쩌면, 〈워커홀릭〉의 저자 W. 오츠 같은 사람의 눈에는 아마 우리들이 일의 노예 혹은 환자로 보일지도 모른다. 하지만 나는 그런 평가를 쉽게 인정하고 싶지 않다. 내가 일 중독자라면, 브레이크 없이 달려온 반기문 총장 같은 사람은 대체 무엇이라고 평가할 것이란 말인가.

분명히 말하건대, 우리 기성세대들이 그토록 일에 미쳤던 것은 소신 때문이었다. 비틀어진 것을 모두 바로잡고, 점진적인 개혁과 발전을 이루어내겠다는 소중한 신념. 그리고 그 신념 위에 세워진 사회를 사랑하는 가족과 후손들에게 기꺼이 물려줄 각오가 되어 있었다.

점심 두 번, 저녁 세 번

묵묵히 자기 내면을 들여다보며 반성하고 가슴을 열어 진심으로 상대를 대하면 사람들은 자연스럽게 나를 찾게 된다. 그것이야말로 동서고금을 관통하는 진정한 처세술이다.

옛말에 '조상이 공덕을 쌓으면 후손이 복을 받는다'는 말이 있다. 단지 착한 마음으로 다른 사람들을 도우라고 만들어낸 교화 말씀은 아닌 것 같다. 살다 보면 그 말이 지닌 가치를 깨닫는 순간이 온다.

선대에 도움을 받았던 사람들이 당시에는 형편이 어려워 은혜를 갚지 못했어도 훗날 때가 되면 그 후손이 잘 되도록 도와주고 마음을 쓴다. 공덕을 많이 쌓을수록 주위에 도와주려는 사람이 많아지니 후손이 더 잘 될 수밖에 없다.

요즘은 후손까지 가지도 않는다. 평소 자신이 좋은 마음으로 열심히 일하고 다른 사람을 위하면 그 공덕을 자기 대에서 받을 수 있다. 나도 그런 경험을 했다. 개인적인 욕심을 버리고 다른 사람과 진심으로 마음을 주고받으며 열심히 일했더니 고맙게도 나를 믿고 지지해주는 사람들이 많아졌다. 그리고 그들은 결정적인 순간에 나에게 큰 도움을 주었다.

회사 조직은 잘 모르겠지만 공직에서는 인사철마다 '이번 자리는 누구 자리'라는 말들이 자연스럽게 나돈다. 그런 평가를 무시하고 인사를 하면 조직이 요동을 치기 때문에 상식적인 수준에서 사람들 사이에 형성된 평가를 존중한다.

이명박 정부가 들어설 때의 일이다. 당시 나는 1급 총리실 기획관리조정관으로 전체를 총괄하는 맏형 역할을 하고 있었다. 1급 조정관으로서 3년 반이라는 시간 동안 세 곳의 보직을 거치며 맡은 역할에 충실히 임했고, 경력도 충분했기 때문에 나는 물론 주변 사람들도 내가 당연히 차관이 될 것이라 생각했다.

그런데 분위기가 예사롭지 않았다. 다른 부처는 차기 장관이 누구고, 차관은 누구로 내정되었다는 등의 정보가 떠도는데, 유독 총리실과 관련된 정보는 언급되지 않았다.

그러던 어느 날, 인수위에 파견되어 있던 후배에게 총리실의 인사 상황에 대해 물어보았다. 후배 직원은 자기도 들은 바가 없다고 대답했다. 그런데 다음 날 그에게서 연락이 왔다.

"조정관님, 큰일 났습니다."

후배는 신임 총리 후보자가 이미 차관 후보를 결정해 대통령 당선인에게 보고한 뒤 본인에게 통보까지 했다며 난감해했다. 장관은 물론 국무차장과 사무차장 차관 두 자리를 모두 총리실 내부가 아닌 외부에서 데리고 온다는 이야기였다. 서운한 마음이 들었지만 겸허하게 받아들이는 수밖에 없었다. 인사권자의 선택을 존중해야 했고, 달리 방법이 있는 것도 아니었다.

하지만 상황은 뜻하지 않게 전개되었다. 외부 인사가 차관으로 내정되었다는 소식에 총리실이 발칵 뒤집어진 것이다. 직원들은 모든 방법을 총동원해 직원들의 의사를 당선인 비서실에 전달했고, 결과적으로 내가 차관이 되었다.

직원들의 지원사격 덕에 차관이 된 나는 그동안 잘못 살지 않았음에 안도했다. 진심으로 사람들을 대하려고 노력하면서 내 책임 네 책임을 떠나 열심히 일한 것을 사람들이 인정하고 마음으로 나를 따라주었다는 것을 확인했기 때문이다.

그런데 이야기는 여기에서 그치지 않는다. 직원들의 지지 속에서 시작한 차관의 임무를 마치고 공직에서 물러난 뒤 또 한 번 사람의 소중함을 느꼈다. 그때 나는 인생에서 처음으로 마음 놓고 쉴 수 있는 휴식기를 갖게 되었는데, 그 휴식기는 채 하루도 이어지지 않았다. 민간인으로 돌아온 첫날부터 여기저기에서 전화가 걸려오기 시작했기 때문이다.

제일 먼저 걸려온 전화는 기업에 다니는 친구였다. 앞서 말했지만 퇴임 후 맞는 첫날 아침, 무엇을 할지 몰라 고민하고 있었는데 갑자기 전화가 울려왔다.

"뭐해? 할 일 없지? 나와라. 나랑 점심 먹자."

퇴직 후 첫날 모든 일정이 취소되어 갈 곳이 없으리라는 것을 안 친구가 자신의 일정도 취소하고 점심 초대를 한 것이었다. 그날 참으로 편안하고 맛있는 점심식사를 한 것이 기억난다. 두 번째로 걸려온 전화는 나보다 먼저 차관직에서 물러났던 선배였다. 그가 다짜고짜 저녁 약속을 잡았으므로 나는 어쩔 수 없이 약속 장소로 나갈 수밖에 없었다.

"자, 이제 박 차관도 주사파에 합류할 자격을 갖췄어."

식사를 하며 선배가 느닷없이 말했다.

처음에 나는 그 말을 이해하지 못해 멀뚱히 그를 바라보았다. 선배가 말하는 주사파가 소위 말하는 '주사파(主思派)'가 아니라는 것쯤은 짐작할 수 있었지만 내겐 생소한 표현이었다.

"주사파라니, 그거 좋은 겁니까?"

잠시 후 나는 농담을 하듯 넌지시 물었다.

선배의 표정에 은근한 미소가 스쳤다.

"이거 아직 멀었구먼. 아직도 주사파가 뭔지 모른다는 건가?"

선배는 너털웃음을 터뜨린 후에야 주사파에 대해 설명했다. 예상대로 아주 엉뚱한 의미를 담은 신조어였다. 주사파란 '일주일에 네 번 골프를 치는 무리'를 뜻하는데, 공직에서 물러난 이들의 유유자적한 생활을 에둘러 표현한 것이다.

실제로 그날 이후 나는 선배의 말 그대로 주사파 생활을 시작했다. 여기저기에서 걸려오는 전화 때문에 제대로 쉴 틈이 없었다. "골프 치자." "밥 먹자." 오히려 공직생활을 할 때보다 더 바빠져서 "백수가 과로사한다"는 말을 입에 달고 다녀야 했다.

 현직에 있을 때는 꿈도 꿀 수 없는 일이었다. 어느 날 문득, '아무리 퇴직자라지만 이래선 안 되지'라는 생각이 들었지만, 한편으로는 몹시 행복했다. 해야 할 일이 있고 만나야 할 사람이 있다는 것은 무엇보다 즐거운 일이다. 따지고 보면 퇴직 이후 갖는 그런 모임들은 일종의 빚 청산이나 다름없었다.

 현역에 있을 때는 이런저런 일들이 신경 쓰여 본의 아니게 지인들과의 만남을 피하곤 했다. 사심 없이 내게 정을 주고 믿음을 주던 분들이었음에도 자칫 구설수에 휘말릴 수 있다는 생각 때문에 저녁 식사 한 번 마음 놓고 같이 하지 못했다. 그분들 또한 내 고지식한 성격을 아는지라 그동안 부담을 주지 않았다. 하지만 이제 자유인(정확하게는 실업자)이 되었으니 원 없이 만나 회포를 풀 수 있게 된 것이다.

 등 떠밀리다시피 해서 얻게 된 것은 주사파의 자격만이 아니었다. 그동안 진 빚이 터무니없이 많았던지 나는 퇴직 이후 오히려 집에서 식사를 할 기회가 줄어들었다. 불가피한 모임이라도 겹치는 날에는 점심은 두 번, 저녁은 세 번이나 먹는 경우도 있었다. 그러다 보니 하루 종일 식당에서 시간을 보내다시피 했다.

 적당히 먹는 척하다가 다음 약속 때문에 자리를 떠야 할 때는 여간 미안한 게 아니었다. 하지만 그렇게라도 얼굴을 보이고 나면 마음은 어느 정도 편했다.

'일만 생각하며 숨 가쁘게 뛰어왔는데도 이렇게 나를 보고 싶어하고 나를 필요로 하는 사람들이 많았구나.'

그런 생각이 들 때면 가슴 한편이 따스해지는 느낌이었다. 골프를 치고 식사를 하면서 보람을 느낄 수 있다는 생각은 그때 처음으로 해보게 되었다. 그런데 그 모든 것이 가능했던 것은 역시 진심으로 사람들을 대하고 마음을 열고 소통해왔기 때문이었던 듯하다.

언제 어떤 상황에서건 진실하게 최선을 다해 사람을 대하면 그 공덕이 내게로 돌아온다. 이 단순한 진리를 모르고 어쭙잖은 처세술에 의지해 자신의 가치를 높이려는 사람들이 너무 많다. 단언컨대, 그런 방법으로는 사람을 얻을 수 없다.

묵묵히 자기 내면을 들여다보며 반성하고 가슴을 열어 진심으로 상대를 대하면 사람들은 자연스럽게 나를 찾게 된다. 그것이야말로 동서고금을 관통하는 진정한 처세술이다.

올빼미의 유전학

박씨 집안 사람이 되어주어서 정말 고맙다고. 당신이 있었기에 나는 0.001퍼센트의 사람이 될 수 있었다고. 미안하고, 늘 사랑한다고.

시대가 많이 바뀌었다지만 우리는 여전히 젊은이들의 인격을 논하면서 그의 가족에 대해 말하는 습성이 있다. 가령, 모범적인 젊은이에 대해 이야기할 때는 가정교육을 잘 받았다거나 가풍이 엄한 집안의 자제답게 예의가 있다는 식으로 이야기한다. 반대의 경우도 마찬가지다.

성격이 나쁘거나 무례한 젊은이들을 이야기할 때는 '보나마나 콩가루 집안일 거야'라거나, '부모 얼굴에 먹칠을 하는군' 같은 말로 부모나 집안을 연계시킨다. 자식은 부모의 거울이라는 말도 있듯이 좋건 싫건 부모는 자식에 대한 평가로부터 자유로울 수 없다.

하지만 가정 내에서 자식의 문제 행동에 대해 이야기할 때 부부가 서로 책임을 회피하는 것은 문제가 좀 다르다. 흔히 '애가 공부 못하는 건 당신을 닮아서야' 또는 '애 버릇이 없는 건 당신이 교육을 잘못 시킨 탓이야'라고 하는데, 따지고 보면 부부 양쪽의 문제지 결코 한쪽의 잘못은 아닐 것이다. 그럼에도 아내나 남편이나 그것을 인정하고 싶어하지 않는다. 그래서일까, 부부가 싸우는 대부분의 원인은 자식과 관련되어 있다.

물론 예외도 있다. 실제로 부부 가운데 어느 한쪽의 습관이나 체질이 자식들에게 고스란히 유전되는 경우가 있는데 이때는 꼼짝없이 상대의 잔소리를 들어야 한다. 우리 집 사정이 바로 그렇다. 하필이면 아들 녀석과 딸 녀석은 나를 닮아서 전형적인 올빼미 족이다. 자정 전에 잠드는 경우는 거의 없고, 가끔은 새벽닭이 울 즈음에야 잠이 든다. 체질적으로 우리 집안이 다 그렇다.

반면 아내는 전형적인 아침형 인간이다. 그건 또 처가 쪽의 유전이다. 장인어른은 저녁 여덟시만 되면 곯아떨어지신다. 어쩌다 함께 외식을 하고 술동무라도 되어 드릴까 작정해도 소용없다. 술병을 따기도 전에 장인어른은 꾸벅꾸벅 조는 것이다.

사정이 그렇다 보니 성격 좋은 아내도 가끔 푸념을 한다.

"정말 박씨 집안 사람들이랑 살기 힘들어요."

하긴 쉬운 일은 아닐 것이다. 어쩌다 내가 집에서 밤늦도록 작업을 하는 날이나 아이들 시험 기간이 되면 아내는 그야말로 사투를 벌인다. 자정 무렵에 밤참을 준비하거나 커피를 타 달라고 습관처럼 부탁을 하는데, 아내는 절반쯤은 이미 꿈나라에 가 있다. 그런데도 남편과 자식이 안쓰러워 비몽사몽하며 밤참과 커피를 나른다.

그리고 보면 체질이라는 건 참 무섭다. 부부는 살면서 서로 닮아간다고 하지만 30년 가까이 산 우리 부부는 여전히 서로 다른 시간대를 살아가고 있지 않은가.

솔직히 말하자면, 아들과 딸 녀석이 나를 닮은 것은 다행스러운 일이다. 아내는 여전히 못마땅해 하지만 나는 아이들이 나를 닮아서 흡족하다. 만약 아이들마저 아내를 닮아서 초저녁에 일찌감치 곯아떨어진다면 그 길고 긴 밤 시간 동안 나 혼자 덩그러니 깨어 있어야 한다. 아마 그랬더라면 무척이나 외롭지 않았겠는가.

그런데 요즘 문득 아내가 참 오랫동안 외로웠겠다는 생각이 들곤 한다. 우리 올빼미들이 모두 잠들어버린 새벽, 아내는 매일같이 홀로 일어나 밥을 안치고 찌개를 준비하고 남편의 출근 준비를 했을 테니 말이다.

상상해보라. 한집 식구임에도 혼자만 다른 시간대에 머물러 있다는 것. 비록 섭섭함까지는 아니더라도 가끔씩 소외감을 느꼈을 것 같다. 비록 내가 원해서 그렇게 된 것은 아니지만 한 사람의 올빼미로서 아내에게 몹시 미안하다. 다음부터는 아내가 '정말 박씨 집안 사람들이랑 살기 힘들다고요'라고 말할 때 사과라도 해야겠다.

박씨 집안 사람이 되어주어서 정말 고맙다고. 당신이 있었기에 나는 0.001퍼센트의 사람이 될 수 있었다고. 미안하고, 늘 사랑한다고.

둘,
세한풍경

배틀고개의
추억

가난과 곁들여 가장 기억에 남는 것은 배틀고개다. 결코 잊을 수 없는 기억이 진안에서 고향으로 이어지는 그 고개에 있기 때문이다.

사람들은 고향이라는 말에서 편안함과 아늑함을 느끼게 마련이다. 생이 발원된 곳, 언제까지고 그 자리에 머물러 있는 대상이라는 의미에서 고향은 어머니를 닮았다.

하지만 고향이 누구에게나 그렇게 따스함과 그리움으로 귀소본능을 자극하는 것은 아니다. 내게 고향은 가장 아픈 기억으로 남아있다. 서럽고, 슬프고, 때로는 가슴아림으로 기억되는 곳이다.

전라북도 진안군 백운면 백암리. 내가 태어나고 자란 고향이다.

진안(鎭安)은 마음을 편안하게 진정시킨다는 의미를 담고 있다. 흰 구름(白雲)과 흰 바위(白岩)에 둘러싸인 아늑하고 푸근한 곳. 주위를 둘러보면 높은 산 위에 깎아지른 듯한 바위가 햇살을 받아 반짝이고, 그 위로 새하얀 구름이 걸쳐 있다.

  고향은 아주 벽촌이었다. 어찌나 높고 깊은 산골이었는지 인근 지역 중 가장 늦게 해가 뜨고 가장 일찍 어둠이 찾아왔다. 내가 초등학교 3학년이던 1961년에서야 비로소 면소재지에 버스가 들어왔고 초등학교를 졸업한 이후에야 전기가 들어온 것만 봐도 얼마나 오지였는지 짐작할 수 있을 것이다.

  누구든 들어오면 마음이 편안해질 수밖에 없는 아늑하고 아름다운 풍광. 하지만 정작 그곳에 뿌리를 내리고 산 우리 가족은 그 아름다움을 제대로 향유하지 못했다. 지독한 가난 때문이었다. 가난이 슬픔이나 고통이 될 수 있다는 것을 나는 너무 어린 나이에 체득했다. 그래서 그 시절을 생각하면 지금도 가슴이 먹먹해진다. 눈물이 고인다.

  고향이 그렇게 아픈 추억만 있는 곳으로 기억되는 이유는 어쩌면 내가 조숙했기 때문인지도 모른다. 어려서부터 공부를 잘해서 그랬는지 세상을 보는 시선도 아이라기보다는 어른에 가까웠다. 차라리 철없는 아이였다면 좀 나았을지 모르지만 가난은 그런 철없음조차 용납하지 않았다.

  우리 집안이 처음부터 가난했던 것은 아니다. 5대조가 이조참판을 지낸 명망 있는 양반집으로 한때 인근 3개 면의 노적가리가 다 우리 집안 것이었다고 한다. 그런데 일제 치하의 토지조사사업을 거치면서 땅을 빼앗기는 바람에 내가 태어났을 때는 달랑 초가삼간 하나만 남았을 뿐이었다.

아무것도 없는 빈털터리라도 아버지가 건강하셨다면 사정은 좀 나았을 테지만 아버지는 늘 병마에 시달렸다. 본래는 상당히 건장한 분이었지만 일본에 징용으로 끌려갔다가 몸을 다쳐 돌아오셨기 때문이다.

워낙 몸이 많이 상해 바깥출입을 잘 못하시던 아버지는 날이 갈수록 병색이 짙어졌다. 하루의 대부분을 누워서 지냈고, 어쩌다 힘겹게 앉아도 허리가 활처럼 굽어 늘 왜소해 보였다. 내가 초등학교를 졸업할 즈음부터는 아예 바깥출입을 하지 못하셨다. 적어도 내 기억으로는 아버지가 경제활동을 하는 걸 본 적이 없다.

그 시절 아버지와 어린 칠남매의 생계는 고스란히 어머니가 책임질 수밖에 없었다. 지금이야 여성들도 활발하게 사회활동을 하며 자신의 능력을 발휘할 수 있지만 그때는 달랐다. 더군다나 아무 기술도 밑천도 없는 여인이 할 수 있는 일이란 극히 제한적이었다.

어머니는 이집 저집 돌아다니며 큰일을 거들어주고 쌀이나 음식을 얻어와 우리들을 먹였다. 곡식 조금에 고구마를 더 많이 넣은 고구마밥, 콩나물밥, 식은밥 덩어리 하나에 물을 몽땅 붓고 시래기와 함께 끓인 시래기죽 조금 등등이 우리의 식단이었다.

배불리 먹는 것은 상상도 할 수 없었다. 하루 세 끼를 먹는 집은 마을을 통틀어 한 집밖에 없었는데, 우리 집은 그 가난한 마을에서도 가장 가난한 집이었다. 맛있는 음식은 고사하고 겨우 허기를 면하는 것만으로도 행복했다.

가난은 결코 추상이 아니다. 더없이 잔인하고 서러운 것이다. 원래 우리 남매는 9남매였으나 첫 누나와 막내 누이를 잃었다. 가난이 두 명의 생명을 앗아간 셈이다. 어쩌면 그런 모진 시련이 어머니를 더 강하게 만들었는지 모른다.

어머니는 장사도 하셨다. 밑천이 없으니 이웃에게 돈을 조금 빌려 물건을 떼다 머리에 이고 집집마다 돌며 팔았다. 생선을 팔 때는 조금이라도 싸게 물건을 떼기 위해 군산까지 갔고, 집으로 오는 직행버스가 없어 전주로 갔다가 다시 임실이나 관촌으로 오는 버스를 탔다.

그리고 그곳에서 내려 수십 리 길을 걸어오셨다. 그 무거운 생선 상자를 이고 말이다. 요즘도 어쩌다 밥상에 생선이 올라오면 문득 어머니가 생각나 눈시울이 뜨거워지곤 한다.

가난과 곁들여 가장 기억에 남는 것은 배틀고개다. 결코 잊을 수 없는 기억이 진안에서 고향으로 이어지는 그 고개에 있기 때문이다.

원래 배틀고개는 누구도 거들떠보지 않는 경사지고 척박한 야산이었다. 그런데 어느 해부터인가 어머니는 작은형과 함께 그 야산의 한쪽을 개간하기 시작했다. 자갈과 돌투성이의 땅을 맨손으로 파헤치고 하루에도 몇 번씩 거름을 인 채 비탈을 오르내리셨다. 그렇게 해서 손바닥만 한 밭이 만들어졌다. 내가 태어난 후 처음으로 갖게 된 '우리 밭'이었다.

배틀고개의 돌투성이 밭은 이후 오랫동안 어머니에게 위안이 되었다. 어머니는 무겁고 냄새나는 거름이나 수확한 고구마를 이고 험준한 고갯길을 힘겹게 다니셨다. 오일장이 서는 날이면 어머니는 그곳에서 당신이 직접 가꾼 곡식을 거두어 내다 파셨다.

워낙 작은 밭이라 수확하는 곡식의 양은 터무니없이 적었고, 다 팔아도 손에 쥐어지는 것은 푼돈에 불과했다. 하지만 그렇게 만들어진 푼돈이 모이고 모여 우리 칠남매를 초등학교에 갈 수 있게 해주었다. 배틀고개의 그 작은 밭은 우리 가족에게 유일한, 그리고 더없이 소중한 땅이었던 셈이다.

그런데 더없이 높고 거칠며 경사져 보였던 그 고개, 어린 내가 빈손으로 오르기도 벅찼던 그 고개가 이제는 포장이 잘 된 완만한 경사길로 바뀌어버렸다. 자동차를 타고 1~2분이면 가뿐하게 넘을 수 있으니 참 편해졌는데, 그 고개를 넘을 때마다 왜 이토록 가슴이 저미는 것인지.

어쩌면 배틀고개야말로 내가 잊고 싶어 하는 그 시절 가난의 기억을 여전히 떠안고 있는지도 모른다. 그래서일까. 요즘도 나는 고향길에 그 고개를 넘을 때면 차마 말 못할 아픔에 지그시 눈을 감곤 한다.

어머니

내가 지치고 힘들 때면, 어머니는 당장 자식을 위로하는 말을 하기보다는 타인을 배려하는 마음을 잊지 않게 당부했다. 행여나 자식이 잘못된 마음을 먹을까 두려워서였을 것이다. 덕분에 나는 다른 유혹에 빠지지 않고 하나의 명확한 목표를 향해 뚜벅뚜벅 걸어올 수 있었다.

우리말은 가만히 곱씹다 보면 참 맛깔스럽고 재미있다.

어렸을 때 나는 늘 쌀과 관련된 표현이 헷갈렸다. 어머니가 장에 가실 때 무엇을 하러 가시는지 물으면 당신께선 빙그레 웃으며 이렇게 말씀하시는 것이다.

"쌀독에 쌀이 떨어져 쌀 팔러 가지."

"쌀독에 쌀이 없는데 어떻게 쌀을 팔아?"

"박 박사가 그것도 모르나? 쌀이 떨어졌으니 쌀을 팔지?"

공부를 잘한다는 이유로 학교에서 붙여준 별명이 '박 박사' 혹은 '철 박사'였는데, 어머니는 기분이 좋거나 나를 놀리려 할 때 가끔 그 별명을 부르셨다.

실제로 나는 한 번도 1등을 놓친 적이 없을 만큼 영리한 아이였지만 '쌀 팔러 간다'는 표현만은 꽤 오랫동안 이해할 수 없었다. 나중에야 돈을 주고 쌀을 사는 것을 '쌀을 판다'로, 돈을 받고 쌀을 파는 것을 '쌀을 산다'로 표현한다는 것을 알게 되었다. 이런 식의 모순된 표현이 쓰이게 된 것은 과거 곡물이 화폐로 사용되던 시절의 흔적 때문으로 추측되는데 요즘에도 여전히 그 표현이 쓰이고 있다.

어렸을 때 듣던 말 가운데 또 하나 재미있었던 것은 '배가 꺼진다'는 표현이다.

원래 아이들은 에너지가 넘쳐서 하루 종일 뛰게 마련이다. 하지만 그 시절엔 워낙 먹을 것이 없다 보니 어른들은 그런 아이들을 근심스레 바라볼 수밖에 없었다.

"많이 뛰지 마라. 배 꺼진다."

쉽게 소화가 되어 배가 고파지니 될 수 있으면 덜 움직이라는 뜻이지만 나는 그 말이 참 이상했다.

'내가 뛰면 땅이 꺼지지 왜 배가 꺼진다고 하지?'

나중에 알고 보니 '꺼지다'라는 말에는 단순히 불이 소멸되거나 땅이 내려앉는다는 뜻 외에도, '신체의 일부가 우묵하게 들어가다'라는 뜻이 담겨 있었다. 그러니 어른들의 표현 방식이 틀린 것은 아니었던 셈이다.

그리고 보면 내가 어렸을 때 들었던 대부분의 이야기들은 한편으로는 서글픔을 자아낸다. 워낙 가난하다 보니 어머니는 자식들이 즐겁게 뛰노는 것조차 걱정 어린 시선으로 바라보아야 했던 것이다. 아이들이야 배가 고픈 게 고생이었을 뿐이지만 어른들은 굶주림 외에도 자식을 배불리 먹이지 못한다는 서러움이 있었을 것이다.

곡식이 떨어져 갈 무렵이면 아이들을 굶기지 않기 위해 콩나물밥을 하고, 시래기죽을 끓여 상 위에 올려야 했다. 그것밖에는 달리 방법이 없었음에도 어머니는 항상 자식들에게 미안해하셨다. 당신은 맹물 한 바가지로 굶주린 배를 채우시면서 말이다.

하지만 어머니는 그 궁색한 형편 속에서도 어떻게든 자식들을 길러내셨다. 그저 밥을 먹여 키웠다는 의미가 아니다. 비록 굶주림 속에서 자랐지만 우리 남매들은 타인에게 손가락질 당하는 일 없이 당당하게 자기 몫을 다하는 사람들로 성장했다. 그게 가능했던 것은 누가 뭐래도 어머니의 지혜와 올곧음 덕분이었다.

돌이켜보면 어머니는 철인(鐵人)인 동시에 철인(哲人)이었다. 자기 한 몸조차 건사할 수 없는 남편과 어린 칠남매를 끝까지 돌봤을 뿐 아니리 가난 속에서도 다른 사람을 돌아볼 줄 아는 사람들로 자식들을 키워낸 것이다. 그리고 무엇보다 중요한 것은 자식이 꿈을 잃지 않도록 했다는 점이다.

"너는 어떻게 해서든 공부해서 나라에 보탬이 되는 사람이 되어야 한다. 남에게 도움을 주는 사람이 되어야 한다."

중학교조차 보낼 형편이 되지 못했음에도 어머니는 늘 그렇게 말씀하셨다. 그리고 중요한 순간순간에 모든 것을 희생해 자식에게 길을 열어주셨다. 내가 수많은 시련 속에서도 주저앉거나 빗나가지 않고 이 자리까지 올 수 있었던 것 역시 어머니의 가르침 덕분이다. 초등학교 문턱에도 가지 못했던 어머니였지만 그때 받은 가르침을 지금 돌이켜 생각해보면 절로 머리가 숙여지고, 어머님의 말씀대로 살아가고 있는 것이 놀라울 따름이다.

"배가 고픈 건 다 마찬가지다. 그러니 너희는 작은 데 욕심을 내서는 안 된다. 먹을 것이 생기면 콩 한 쪽도 나눠 먹어야 해."

자식 많은 집에 바람 잘 날 없다지만 어머니의 엄격한 가르침 아래에서 우리 칠남매는 서로를 위하며 참 우애 깊게 자라났다. 그 사랑은 더욱 확장되어 가족과 친구, 상사와 동료, 부하 직원들과 격의 없이 어우러질 수 있게 한 내적 바탕이 되었다. 그리고 어느 순간부터는 사회의 어두운 곳에서 신음하는 힘없고 외로운 사람들을 보듬을 줄 아는 눈과 마음이 되어주기도 했다.

"남의 눈에 눈물나게 하면 내 눈에는 피눈물이 나게 되는 것이다. 네가 힘들다고 남의 눈에 눈물 나게 하는 짓은 하지 마라. 너는 그저 네 길만 가야 한다."

내가 지치고 힘들 때면 어머니는 당장 자식을 위로하는 말을 하기보다는 타인을 배려하는 마음을 잊지 않게 당부했다. 행여나 자식이 잘못된 마음을 먹을까 두려워서였을 것이다. 덕분에 나는 다른 유혹에 빠지지 않고 하나의 명확한 목표를 향해 뚜벅뚜벅 걸어올 수 있었다.

내가 부산에서 고등학교를 다니던 무렵, 어머니는 아들의 뒷바라지

둘_ 세한풍경(歲寒風景)

를 위해 고물을 수거하는 일을 하신 적이 있다. 여기저기에서 무거운 고물을 받아 그것으로 돈을 마련하시곤 했는데, 장정들이 거들어주지 않으면 머리에 일 수조차 없는 무거운 고물을 머리에 이고 범내골에 있는 고물상까지 8킬로미터의 거리를 걷기도 하셨다.

"고물이 얼마나 무거운지, 정수리 부분이 꺼져서 다시 나오지 않는구나."

녹초가 되어 집에 돌아온 어머니가 푸념으로 토해내신 말을 나는 아직도 잊을 수 없다. 어머니는 그 모진 노동을 원망하거나 부끄러워하는 대신 아주 당당하게 말씀하셨다. 전주 최씨 특유의 고집과 누구에게도 신세 지거나 폐를 끼치지 않으려는 올곧음이 어머니를 그렇게 당당하게 만들었던 것 같다.

나는 가끔 요즘 젊은 엄마들을 보며 답답함을 느낀다. 배울 만큼 배웠고 부족한 것 없이 자라났음에도 시야가 너무 좁게 느껴지기 때문이다. 그저 자기 자식만을 생각하고 타인의 기분 따위는 아랑곳하지 않는 것 같다.

"밖에서 맞고 오지 마라."

"네 몫도 못 챙기니. 이 바보야!"

그들 젊은 엄마들 눈에는 자기 자식밖에 보이지 않는 모양이다. 타인의 기분이나 입장 같은 것에는 관심이 없다. 세상이 오직 자기 자식 한 사람을 위해 존재하는 것이라고 착각하고 있는 것은 아닌지 모르겠다.

그런 생각만큼 위험한 것은 없다. 언젠가 그들의 자식은 성인이 될 테고, 그때는 오로지 자신의 선택에 따라 인생을 결정해야 한다. 이처럼 함께 사는 삶을 배우지 못한다면 늘 고립될 수밖에 없다. 그것은 어쩌면 가장 끔찍한 인생일 수도 있다.

일찍 철든 아이

젊은이들에게 한 가지 조언해주고 싶은 것은, 다른 사람이 아닌 자기 스스로에게 인정받는 삶을 살라는 것이다. 자신을 사랑하는 사람이 타인에게도 사랑을 받을 수 있는 것처럼 스스로를 인정하는 사람만이 타인으로부터도 인정을 받을 수 있다.

가난이 내게는 더없이 가혹하게 느껴졌다. 그런데 재미있는 것은 그런 가혹한 시련이 때로 사람을 성숙하게 만든다는 점이다.

어린 시절부터 나는 내가 겪고 있는 가난의 본질을 보았던 것 같다. 그것은 아주 비루하고 서글픈 것이었다. 먹고 싶은 것을 배불리 먹을 수 없고, 갖고 싶은 물건을 가질 수도 없었다.

철없는 아이였다면 그런 가난을 떠안은 부모에게 투정하고 불만을 품었겠지만 나는 그럴 수 없었다. 가난이라는 것이 단순히 한 사람의 무능함이나 게으름에서 비롯된 것이 아니라 사회적 환경이나 모순된 구조가 떠안긴 고난일 수도 있음을 어렴풋이 알고 있었기 때문이다.

그래서 가난을 탓하는 대신 극복할 수 있는 방법을 찾았다. 그 길이 내게는 공부였고, 어떻게든 공부만 하면 꿈을 이룰 수 있다고 믿었다. 그리고 그 믿음은 기적이나 다름없는 일들을 가능하게 했다.

일찍 철이 든 덕분에 나는 학창 시절 내내 선생님들의 귀여움을 독차지했다. 선생님들은 아낌없이 나를 칭찬하고 인정해주셨다. 그런 선생님들의 신뢰와 애정 덕분에 자신감을 갖고 꿈을 포기하지 않을 수 있었다.

초등학교 시절부터 내게는 인생의 지침이 될 만한 많은 선생님들이 계셨는데, 그분들은 나를 어린 제자가 아닌 한 사람의 인격체로 대해주셨던 것 같다. 특히 고등학교 때는 선생님들이 나를 준교사 수준으로 대해주셨다.

물론 거기엔 그럴 만한 이유가 있었다. 어렵게 자라 철이 일찍 들기도 했고, 집에서는 공부에 몰입할 수 있는 형편이 되지 않아 주로 학교에서 공부를 하다 보니 학교 돌아가는 사정을 많이 알게 되었고, 선생님들과 의견을 나눌 기회도 많았다. 특히 교감선생님께서는 나를 불러 학교 운영에 관한 의견을 자주 묻곤 하셨다.

사실 내가 다닌 개성종합고등학교(현 부산진고)는 당시만 해도 명문고는 아니었다. 신설한 지 얼마 되지 않기도 했고 인문계와 상업계를 포괄하는 종합고등학교여서 당시의 부산 인문계열 명문고와는 격차가 있었다. 그래서였을까. 선생님들은 하루라도 빨리 명문고를 만들기 위해 열의를 가지고 일하셨다. 학생들과 격의 없는 대화를 나눈 것도 학교가 나아갈 길을 찾기 위한 노력의 하나였던 것 같다.

모교가 발전하는 것을 원치 않는 사람은 없다. 비록 학생의 신분이었지만 나 또한 학교 발전을 위해 기꺼이 힘을 보탰다. 종합고등학교에서 인문계 고등학교로 개편하는 작업을 할 때는 교무 선생님들을 도와 인문계로 전환해야 하는 타당한 논거를 함께 세우기도 했다.

아무리 조숙했다 해도 학생의 의견이니 부족한 부분이 많았을 것이다. 그럼에도 선생님들은 내 의견을 존중하고 수용해주셨다. 그런 합리적인 선생님들이 계셨기에 나는 더욱 당당하고 자신감 넘치는 사람으로 성장할 수 있었다.

어느 시대건 기성세대는 젊은이들을 근심 어린 시선으로 바라보게 된다. 젊은이들의 불완전성 때문일 것이다. 하지만 비록 나이가 어릴지라도 누구나 저마다의 고민과 어려움을 안고 살아간다. 그리고 그것은 그를 성숙하게 만드는 좋은 약이 되기도 한다. 요즘의 젊은이들 역시 그 점에 있어서 다르지 않다. 오히려 더 현명하게 판단하고 신중하게 움직이고 있는 것 같아 흐뭇하다.

물론 걱정스러운 부분이 있는 것도 사실이다. 핵가족화된 사회 환경 때문에 요즘 젊은이들 가운데 지나치게 부모에게 의존하는 이들이 있다. 부모에게 인정받지 않고는 견디지 못하는 젊은이도 있다.

그런 젊은이들에게 한 가지 조언해주고 싶은 것은 다른 사람이 아닌, 자기 스스로에게 인정받는 삶을 살라는 것이다. 자신을 사랑하는 사람이 타인에게도 사랑을 받을 수 있는 것처럼 스스로를 인정하는 사람만이 타인으로부터도 인정을 받을 수 있다.

사흘을 굶으면

사람이 사흘을 굶으면 결국 쓰러진다. 하지만 사람에게는 언제든 다시 일어날 힘이 있으며, 그렇게 다시 일어섰을 때 더욱 강해질 수 있다. 그것이 내가 사람들에게 품고 있는 고귀한 신뢰다.

성경에 의하면 서른 살의 예수는 요한에게 세례를 받은 직후 광야로 나가 40일에 걸쳐 단식을 했다. 그때까지 예수는 인간의 몸을 가지고 있었다. 단식에 대한 기록은 예수뿐 아니라 석가모니나 간디에게서도 나타난다. 즉, 단식은 단순히 식사를 끊는다는 행위가 아니라 한 사람이 성인의 반열에 오르기 위해 거쳐야 하는 하나의 통과의례의 역할을 한 셈이다.

이런 단식의 기록들을 접하며 간혹 '정말 사람이 밥을 먹지 않고 수십 일을 견딜 수 있을까?' 하는 의문을 느끼는 사람들이 있을 것 같다. 정확하게는 말할 수 없지만 나는 보통 사람은 오래 버티기 힘들다고 생각한다. 이유는 아주 간단하다. 내 몸이 실제로 경험한 일이니까.

중학교에 다닐 무렵, 나는 두 달가량 전주 외곽에 있는 외가 친척댁에 머문 적이 있다. 지금이야 군식구가 늘었다 해도 그저 '숟가락 하나 더 올려놓으면 되지'라고 넉넉하게 생각할 수 있지만 그 시절은 달랐다.

군식구는 고사하고 자기 자식조차 제대로 끼니를 해결해줄 수 없을 만큼 가난한 집이 많았다. 그 댁의 사정도 크게 다르지 않아서 집안 조카를 떠맡는 일을 꽤 부담스러워했다. 그런 사정을 잘 아는지라 어머니는 나를 그곳에 맡기면서 매달 내 몫의 쌀을 주기로 했다.

하지만 그 얼마 되지 않는 쌀마저도 가져오는 게 힘든 사정이 생긴 탓에 어머니는 한동안 그 댁을 방문하지 못했다. 그 기간이 점점 길어지자 밥을 주지 않기 시작했다. 집에서 밥을 먹지 않아도 학교를 오가며 적당히 끼니를 해결하리라 여겼던 것인지도 모른다.

물론 내 처지가 그렇게 여유로울 리 없었다. 용돈 한 푼 없었던 내가 끼니를 해결할 수 있는 다른 방법은 없었다. 그런데 집에서의 식사가 끊겼으니 물로 배를 채울 수밖에.

한 끼 두 끼 세 끼. 그렇게 끊어진 식사가 사흘째에 접어들었다. 마침 그 즈음이 시험 기간이어서 나는 제대로 잠도 자지 못한 채 굶주림과 싸워야 했다. 그나마 시험이라는 목표가 있어서 간신히 버틸 수 있었지만, 사흘의 굶주림은 어린 내 몸이 감당하기엔 지나치게 가혹했다. 결국 시험 마지막 날, 학교를 나서다가 그대로 쓰러져버렸다. 그제야 비로소 나는 사람이 사흘을 굶으면 쓰러지게 된다는 사실을 깨달았다.

굶주림은 경험해보지 않으면 누구도 알 수 없는 고통이다. 가난 역시 마찬가지다. 그것은 그저 손에 난 상처처럼 잠시 아프다가 아무는 것이 아니다. 마치 그림자처럼 질기게 따라붙어 도무지 떨어질 것 같지 않은 암담함이다.

학창시절 내내 나는 그런 가난에 시달려야 했다. 친척댁에 더 이상 폐를 끼칠 수 없었으므로 나와 어머니는 상의 끝에 자췻집 하나를 얻었다. 부족한 것은 신문을 배달하며 어떻게든 해결해 나가리라 마음먹었다. 새로 구한 자췻집은 말이 집이지 금방이라도 쓰러질 것 같은 허름한 건물이었다. 마치 지반이 기울어지기라도 한 것처럼 집 자체가 한쪽으로 기울어져서 쳐다보는 것만으로도 위태로웠다.

그곳에서 겨울을 나야 했는데, 난방 시설이 있을 리 없는 그곳에서 오로지 이불 하나에 의지해 추위와 싸워야 했다. 방 안에 떠놓은 물이 아침이면 꽁꽁 얼어붙어 있었다. 새벽녘, 이불을 벗기고 일어나면 한동안 몸이 펴지지 않았다. 추위에 웅크린 온몸이 굳어버린 탓이었다. 집과 이불이 나를 데워주는 것이 아니라, 오히려 내 몸이 이불과 집을 데워주는 느낌이었다.

지금 생각해도 그 시절을 어떻게 견뎌냈는지 신기하다. 열네 살 소년이 감당하기엔 더없이 힘겨운 나날이었다.

하지만 아무리 큰 고통의 시간도 결국은 흘러가게 마련이다. 사흘을 굶주려 쓰러졌을 때, 세상이 암흑처럼 변하고 내 인생이 결국 그렇게 맥없이 끝나버릴지 모른다고 생각했을 때조차 나는 다시 일어서야 한다는 것을 알고 있었다. 죽을힘을 다해 일어섰고 결국은 모든 것을 이겨

냈다. 그리고 지금은 햇빛을 받아 환하게 빛나는 세상의 풍경들을 사랑스러운 눈으로 바라보곤 한다. 지금 내가 보는 세상은 더없이 맑고 아름답다. 하루하루의 일상에 감사할 수 있는 이유다.

사람이 사흘을 굶으면 결국 쓰러진다. 하지만 사람에게는 언제든 다시 일어날 힘이 있으며 그렇게 다시 일어섰을 때 더욱 강해질 수 있다. 그것이 내가 사람들에게 품고 있는 고귀한 신뢰다.

세상에서 가장
맛있는 떡

가난은 때로 사람을 비참하게 하지만 그 비참함을 떨치고 일어날 투지를 준다. 나는 가난을 통해 투지를 배웠고, 인생을 돌이켜볼 나이가 된 지금 그것이 얼마나 소중했는지를 깨닫곤 한다.

전혜린은 어느 수필에선가 '맛은 추억을 가장 많이 내포한다'고 썼다. 사람에 따라 정도의 차이는 있겠지만, 나는 그녀의 말에 어느 정도 공감한다. 나 역시 결코 잊을 수 없는 맛의 추억을 간직하고 있기 때문이다. 차이가 있다면, 그녀가 추억의 장소로 되돌아가 다시 그 맛을 향유할 수 있다고 믿었던 것과 달리 나는 어떤 방식으로도 내가 추억하는 그 맛을 다시 느낄 수 없다고 믿는다는 점이다. 그렇기에 그 맛에 대한 나의 추억은 더욱 강렬하고 아름답다.

그러고 보니, 우리가 흔히 생각하는 것과 달리 '절대적인 맛'은 고향이 아니라 타향에서 찾아지는 것 같다. 태어나면서부터 경험한 고향의 맛이 어머니에 비유된다면 타향에서 만난 음식의 맛은 개명(開明)에 비유

되지 않을까 싶다.

  내 인생에서 가장 길었던 여정은 고향을 떠나 부산이라는 대도시에 진입하기까지의 길이었다. 그것은 단순한 길이 아니라 내 인생의 전환점에 이르는 아주 멀고 설레는 길이었다.

  그날 나는 전주역에서 완행열차를 타고 대전 쪽으로 올라가 회덕에 닿았고, 회덕에서 다시 차를 갈아타고 부산진역에 도착했다. 지금은 몇 시간이면 닿을 수 있는 거리지만 그 시절엔 거의 하루가 걸리는 먼 길이었다.

  부산진역에 내린 내 행색은 아주 형편없었다. 머리는 제멋대로 자라 덥수룩했고 입성 또한 가관이었다. 고무신에 점퍼를 걸치고 불안한 듯 사방을 둘러보는 소년. 그게 바로 40여 년 전 부산에 처음 발을 디딘 어느 산골 소년의 모습이었다.

  그날 소년을 가장 놀라게 한 것은 거리를 가득 메우다시피 한 차였다. 세상에 그렇게 많은 차들이 있을 거라고는 상상도 하지 못했다. 그때껏 부산보다 더 큰 도시를 본 적이 없었으니 놀란 것도 무리는 아니다. 가진 것은 아무것도 없었다. 그저 속주머니에 깊숙하게 찔러 넣은 검정고시 합격증 하나가 전부였다.

  그때가 1월이었는지 2월이었는지는 정확하게 기억하지 못한다. 내가 기억하는 것은 그저 가족들이 어떻게든 나를 고등학교에 보내려 했고, 그것이 내 인생에 다시 희망을 품게 하는 한 가닥 동아줄이었다는 것뿐이다.

얼마 뒤 나는 부산에 있는 한 고등학교에 입학했다. 그리고 그때부터 도시인이 되는 과정을 밟기 시작했다. 쉽지는 않았다. 우선, 십수 년 동안 써온 말투로 인해 종종 소외감을 느껴야 했다. 지금도 그런지는 알 수 없으나 부산이라는 지역은 의외로 텃세가 셌다.

내가 입학한 고등학교에서 부산 사투리를 쓰지 않는 사람은 둘밖에 없었다. 부모의 사업지가 부산으로 옮겨오면서 이사를 왔다는 서울 출신의 부잣집 아들이 그중 한 명이었다. 그리고 나머지 한 명은 시골에서 올라온 지 얼마 되지 않는, 서울 말도 전라도 말도 아닌 어정쩡한 말투의 소년 박철곤뿐이었다.

깔끔한 외모와 말투의 서울 아이와 달리 당시의 나는 촌스럽고 입성도 형편없는 전형적인 시골 아이였다. 게다가 무척이나 가난했다. 부산 사투리를 쓰지 않는다는 것 빼고 우리 둘 사이에는 도무지 공통점을 찾을 수 없었다.

하지만 그 아이에 비해 내가 특별히 불행하다고는 생각하지 않았다. 가난은 때로 사람을 비참하게 하지만 그 비참함을 떨치고 일어날 투지를 준다. 나는 가난을 통해 투지를 배웠고, 인생을 돌이켜볼 나이가 된 지금 그것이 얼마나 소중했는지를 깨닫곤 한다.

형님도 참 열심히 살았다. 동생들을 위해 배움을 포기해야 했지만 특유의 근면함으로 남은 가족들의 생계를 책임졌다. 형님이 가진 재산은 리어카 한 대가 전부였다. 그 리어카로 시장에서 짐을 나르고 장사도 하면서 근면하게 살았다. 그런 형의 등은 늘 넓어 보였다.

아직 고등학교에 입학하기 전, 형을 돕기 위해 함께 일을 나간 적이 있다. 당감동 동양고무회사 뒤쪽의 조그마한 플라스틱 파이프 사출공장에서 충무동까지 PVC 파이프를 리어카에 싣고 나르는 일이었다. 공장에서 충무동까지는 걸어서 몇 시간이나 걸리는 거리였다. 우리 형제는 리어카 가득 짐을 실은 채 그 먼 거리를 끌고 밀었다.

당감동에서 서면, 서면에서 범내골, 범내골에서 다시 부산진역과 부산역을 거쳐 충무동까지, 그야말로 부산의 한쪽 끝에서 반대쪽까지 멀고도 위험천만한 길을 이리저리 차들을 피해 횡단했다. 몇 푼의 돈을 벌기 위해.

날이 저물 때쯤 되자 다리에 힘이 빠지고 현기증까지 일었다. 하지만 힘들다는 생각은 들지 않았다. 형을 위해 작은 힘이나마 보탰다는 사실이 기뻤을 뿐이다. 그런데 돌아오는 길에 조방앞이라는 곳에 다다르자 리어카를 끄는 형의 걸음이 조금씩 늦춰졌다. 형의 시선은 인도에 웅크려 앉은 할머니의 좌판 앞에 머물렀다. 그 좌판 위에는 먹음직스러운 떡이 올려져 있었다.

좌판 위의 떡을 보는 순간 마른입에 침이 고였다. 이제껏 잊고 있던 허기가 무섭게 찾아왔다. 떡을 바라보는 내 마음은 더없이 간절했다. 그 먹음직스러운 떡을 한입 가득 베어 물면 살 것 같다는 생각이 들었다.

우리 형제의 시선이 허공에서 잠시 마주쳤다. 형도 같은 마음이었을까, 아니면 동생의 마음을 눈치챈 것일까. 리어카의 손잡이를 놓은 형이 좌판으로 다가갔다. 그리고 떡 몇 개를 사와 내 눈앞에 내밀었다. 한 주먹이 될까 말까 한 떡값이 얼마나 될까만 당시의 우리 형제에겐 더 없는 사치였다.

어쩌면 그 떡은 그래서 더 맛있었는지 모른다. 그 맛을 어떻게 잊겠는가. 떡을 한입 베어 무는 순간 입안 가득 꿀물이 번지는 느낌, 그 절절한 행복감은 경험하지 않고는 결코 알 수 없을 것이다. 그전에도 그 후에도 내 평생 그보다 더 맛있는 음식을 먹어본 적이 없다. 어쩌면 지금의 내가 불쌍한 사람을 그냥 지나치지 못하는 것은 그 꿀맛 같던 떡이 남긴 맛의 추억 때문인지 모른다.

경계에서

그대, 혹시 지금 절망에 빠져 있는가? 그렇다면 그 바닥이 얼마나 깊을까 두려워하지 마라. 아무리 두렵다 해도 부디 한 호흡의 여유를 가지고 천천히 주위를 둘러보라. 분명 그대가 보지 못했던 그 어느 곳에 헤쳐 나갈 수 있는 길이 있거나 그대가 손을 뻗길 기다리는 구원과 희망의 따사로운 손길이 있을 것이다.

살아가다 보면 예상치 못한 난관에 부딪칠 때가 있다. 한눈 팔지 않고 일에만 매달리다가 미처 함정을 보지 못하고 덜컥 빠져버린다거나 정작 중요한 것을 놓쳐 낭패를 당하기도 하고, 내 의지와 상관없이 재앙의 희생양이 되는 경우도 있다.

이런 난관은 특히 신입 때 많이 겪게 되는데 당시로서는 매우 당혹스럽지만 지난 뒤에는 나름대로 좋은 경험으로 남는다. 그러한 과정을 거치며 지혜가 생기고, 여유 있게 대처하는 능력을 자연스럽게 익히게 마련이다. 쉽게 말해 연륜이 쌓이게 된다는 의미다.

행시에 합격하고 경기도청에서 수습사무관으로 근무할 때, 나 역시 많은 경험을 했다. 비교적 온화하고 합리적인 성격이라 대인 관계가 원만한 편이었으나, 모든 사람의 마음에 들 수는 없었던 모양이다. 나로선 정당했다고 믿었던 일임에도 누군가에게는 도전으로 받아들여져 오해를 사기도 했고, 때로는 나이 많은 7급 주사보가 새파랗게 어린 신임 수습사무관들을 농락하기도 했다. 말로는 잘 모신다고 하면서도 갖은 어려움을 주거나 농간을 부려 우리들을 곤혹스럽게 했다.

악습조차도 관행이라는 이유로 고치기 싫어하던 공무원 세계에서 의욕 넘치는 신입이 달갑지 않았던 것일 수도 있다. 어쨌거나 그런 미묘한 신경전은 어느 순간 나를 혼란에 빠뜨려 허우적거리게 했다.

지금처럼 삶을 여유 있게 관조할 수 있었다면 한결 수월하게 그 위기를 헤쳐 나갔을 것이다. 하지만 당시로서는 그 혼란과 어려움 속에서 벗어날 방법을 도무지 찾을 수 없었다.

지칠 대로 지쳐가던 그 무렵, 나는 빡빡한 업무 속에서 숨통을 틀 수 있는 사건을 기획했다. 수습사무관 대표였던 나의 주도하에 동기 수습사무관들이 모두 함께 경기도서지역을 시찰할 계획을 세우고 이를 실행에 옮긴 것이다. 공문 형식을 본뜬 통지문을 만들어 각 시군에서 수습 중인 동기들에게 보냈다. 모두 즐거운 마음으로 참가했는데, 더러는 출장비까지 받기도 했다.

우리 동기들은 인천 연안부두에서 모여 함께 덕적도로 갔다. 그곳 서포리해수욕장에 경기도공무원휴양소가 있었기 때문이다. 비록 바람을 쐬러 간다는 속셈이 있긴 했으나 우선 덕적면 출장소를 방문해서 출장소장에게 애로사항을 듣고 대화를 나누었다.

눈앞에 아름다운 풍광을 자랑하는 해수욕장과 하얗게 펼쳐진 백사장이 있었다. 그리고 여느 바닷가보다 수심이 얕고 물이 맑았다.

"여긴 물이 얕아서 안전하겠어요."

바다를 내다보며 내가 물었다.

"웬걸요. 매년 이곳에서 한 사람씩은 꼭 죽어요. 주로 저 지점에서 사고가 나지요."

출장소장이 손가락을 뻗어 바다 한쪽을 가리켰다.

"저 부근이 수심이 깊은가 보죠?"

"아니요. 깊지도 않은데 꼭 그곳에서 사고가 납니다."

"그래요? 묘한 일이군요."

그런데 참 공교로운 일이었다. 방문을 마치고 휴양소로 돌아가는데 출장소장이 가리켰던 곳 근처에 사람들이 모여 와자지껄 떠드는 소리가 들렸다. 이상한 생각이 들어 다가가보니 몇 명의 사내가 축 늘어진 시신 한 구를 바다에서 막 끌어내고 있었다.

이미 숨이 끊어졌음에도 얼굴엔 여전히 풋풋함이 느껴지는 꽃다운 나이의 청년이었다. 강릉에서 온 대학생이라고 했다. 여기저기에서 안타깝다는 듯 탄성이 터졌다. 몇 시간 후, 물이 제법 빠지자 대학생이 익사한 곳으로 걸어가 보았다. 출장소장이 말했듯 결코 사람이 빠져 죽을 만한 장소가 아니었다. 그 주변은 만조 시에도 기껏해야 바닷물이 가슴에 찰 정도의 깊이인데 다만 몇 평의 공간만이 주위보다 조금 더 파여 있는 정도였다. 고작 몇 평의 공간. 그런 곳에서 사람이 빠져 죽다니 어

이없는 일이었다. 물속을 걷다가 갑자기 수심이 깊어지는 바람에 놀라 허우적거리다가 죽음에 이른 것 같았다.

어떤 방향으로든 두어 발짝만 내디디면 수심이 얕은 곳으로 빠져나올 수 있었을 테지만 물속 사정을 모르는 상황이니 당황하고 허우적대다가 아까운 목숨을 잃은 것이다.

덕적도에서 돌아오는 길에 많은 생각이 머리를 스쳤다. 수렁에 빠지면 누구나 공포와 당혹감에 휩싸인다. 주위를 돌아볼 겨를도 없이 허우적거리며 그 수렁이 끝이 없으리라는 절망감에 빠져버린다.

하지만 의외로 수렁의 바닥은 깊지 않은 경우가 많다. 조금만 마음을 추스르고 발을 디뎌보면 금방 바닥에 닿고, 한 걸음 두 걸음 내딛다 보면 수렁을 벗어날 수 있는데 절망이라는 족쇄에 발목이 잡혀 제자리에서 허우적거리고 있는 것이다.

그대, 혹시 지금 절망에 빠져 있는가? 그렇다면 그 바닥이 얼마나 깊을까 두려워하지 마라. 아무리 두렵다 해도 부디 한 호흡의 여유를 가지고 찬찬히 주위를 둘러보라. 분명 그대가 보지 못했던 그 어느 곳에 헤쳐 나갈 수 있는 길이 있거나 그대가 손을 뻗길 기다리는 구원과 희망의 따사로운 손길이 있을 것이다.

만약 그것이 보이지 않는다 해도 좌절하지 마라. 그저 믿음을 가지고 한 걸음 한 걸음 내디뎌보길 바란다. 스스로 주저앉지 않는 한, 인생엔 늘 당신만을 위해 준비된 길이 있으니까. 세상에 어려운 일은 있어도 되지 않는 일은 없다.

셋,
머슴이나 보내지, 공부는 무슨

꿈은 삶의 이정표가 된다

시련을 겪는 동안 감내해야 하는 고통은 이루 말할 수 없을 정도로 크지만 그것을 이겨 냈을 때, 시련은 꿈을 더 크게 성장시키는 훌륭한 자양분이었음을 알게 된다.

조건이 미래를 결정한다면 나는 지금과는 전혀 다른 삶을 살고 있을 것이다. 고시에 합격해 공직자로서의 삶을 살기 전까지 내가 견뎌야 했던 환경은 최악이었다. 온 가족이 아무리 발버둥쳐도 좀처럼 지독한 가난의 굴레에서 벗어날 수가 없었다. 당장 먹을 것도 없는데 공부를 한다는 것 자체가 사치였다.

그런 척박한 환경에 무릎을 꿇었다면 나는 아마 유명한 사기꾼이 되어 있을지도 모른다. 머리는 좋은데 여건이 받쳐주지 않으니 세상에 대한 분노와 절망으로 좋은 머리를 나쁜 쪽으로 사용했을 가능성이 크다.

조건을 무시할 수는 없다. 요즘 세상은 더 그렇다. 오죽하면 더 이상

개천에서 용이 나올 수 없는 세상이라는 말이 나돌까. 태어날 때부터 고급 승용차를 타고 달리는 사람과 옷도 변변히 갖춰 입지 못하고 맨발로 뛰어야 하는 사람의 경쟁이 공정하기를 기대하는 것은 애초부터 불가능하다.

하지만 조건은 어디까지나 삶의 일부에 불과하다. 조건만 놓고 보면 99퍼센트 음지에 있어야 할 사람이 양지에서 당당한 사회의 구성원으로 살아가는 예는 수도 없이 많다. 반대로 남부럽지 않은 조건을 갖춘 사람이 길을 잃고 헤매다 음지 중에서도 가장 음습한 음지로 추락하는 경우도 적지 않다.

이처럼 종종 조건과는 다른 결과가 나오는 이유는 '꿈' 때문이다. 꿈은 조건보다 강하다. 조건이 아무리 열악해도 꿈을 품고, 꿈을 이루려고 노력하면 반드시 꿈을 이루는 순간이 온다. 무엇보다 꿈이 있는 사람은 흔들리지 않는다.

하루 벌어 하루 먹기도 힘든 생활 속에서 어머니의 유일한 희망은 자식들이었다. 대부분이 부모가 그렇지만 어머니는 특히 자식 욕심이 많았다. 어떻게 하든 공부시켜 자식들만큼은 당신처럼 모진 가난을 겪지 않기를 바라셨다.

당시만 해도 농번기 때는 학교에 가지 못하는 학생들이 많았다. 자식들 공부시키고 싶은 부모 마음이야 다 똑같겠지만 눈코 뜰 새 없이 바쁜 농번기에는 고양이 손이라도 아쉬운 법이다. 어린 자식들이 못줄이라도 잡아주면 농사에 큰 힘이 되기에, 안쓰러운 마음을 품고도 학교에 보내지 못했다. 하지만 우리 어머니는 무슨 일이 있어도 자식들 학교만큼은 빼놓지 않고 보내셨다. 그만큼 교육열이 강했다.

다행히 우리 칠남매는 하나같이 공부를 잘했다. 그중에서도 나와 남동생이 특히 더 잘했다. 나는 시험을 칠 때마다 일등을 놓치지 않아 줄곧 천재라는 소리를 들으며 자랐다. 그것은 어머니에게도 내게도 큰 힘이 되었다.

그러고 보면 아무것도 갖지 못한 사람은 없는 것 같다. 누구든 자기만의 무기 하나쯤은 갖고 있다. 다른 조건이 아무리 열악해도 그 조건을 뛰어넘게 해주는 그런 무기 말이다. 나의 유일한 무기는 남들보다 뛰어난 머리였던 셈이다.

타고난 머리도 나쁘지 않았지만 공부를 잘할 수 있었던 것은 초등학교에 들어가기도 전에 익혔던 천자문의 도움이 크지 않았나 싶다. 아버지는 몸이 불편하셨지만 어린 나에게 천자문을 가르치셨다. 사실 그때는 뜻도 모르고 그저 아버지가 가르쳐주는 대로 무조건 따라 읽고 외웠다. 그래도 기억력이 좋은 편이라 어렵지 않게 천자문을 떼고 초등학교에 입학했다. 그렇게 뜻도 제대로 모른 채 배운 한자였지만 여러 모로 덕을 봤다.

우리말은 알게 모르게 한자어가 많다. 따라서 한자를 제대로 익히면 우리말을 쉽게 이해할 수 있고, 어휘력이 발달해 의사표현을 정확하게 할 수 있다. 공부를 하는 데도 도움이 많이 된다. 국어나 사회 과목은 말할 것도 없고 수학에 쓰는 용어도 한자어가 많다. 약수(約數), 분수

(分數), 등식(等式) 등 수많은 한자어가 등장한다. 한자를 알면 이런 용어들을 이해하는 것은 식은 죽 먹기다. 한글로 '분수'라 하면 무슨 말인지 모르지만 분수가 나눌 분(分)과 셀 수(數)의 조합이라는 것을 알면 어렵지 않게 '수를 나눈다'는 의미를 이끌어낼 수 있다.

지금도 그렇지만 내가 어렸을 적엔 공부 잘하는 학생에게 주위 사람들이 많은 관심을 보였다. 기대도 많이 했다. 부모님과 선생님은 물론 주변 어른들도 하나같이 나에게 "넌 총명한 아이이니 커서 꼭 고시에 합격해 나라를 위해 큰일을 해야 한다"고 말씀하시곤 했다.

재미있는 것은 당시 어른들이 무심코 했던 그 격려의 말이 어느 순간 내 꿈이 되고, 시간이 흐르며 점점 구체적인 삶의 이정표로 자리 잡기 시작했다는 점이다. 어린 나이였지만 나는 나랏일을 하기 위해 고시에 꼭 합격하리라 마음먹었다. 그리고 그 꿈을 이루기 위해 열심히 공부해야 한다고 다짐했다. 그 이후 나의 모든 행동은 고시 합격을 위한 것이 되었다.

사람은 꿈꾸는 대로 살게 된다. 물론 쉬운 일은 아니다. 온몸의 세포를 뜨겁게 달구는 꿈을 찾는 것도 어렵지만 그 꿈을 이루기란 더더욱 쉽지 않다. 꿈으로 가는 길목이 결코 만만치 않기 때문이다. 때로는 돌부리에 걸려 넘어지거나 깊이를 알 수 없는 함정에 빠져 허우적거리기도 하고, 때로는 길을 잃고 절망하기도 한다.

미처 예상치 못했던 복병들을 만나 고전하다 보면 누구나 용기를 잃게 마련이다. 하지만 쇠가 담금질을 통해 더 단단해지듯이 꿈도 시련을 겪을수록 더 단단해지고 분명해진다. 시련을 겪는 동안 감내해야 하는 고통은 이루 말할 수 없을 정도로 크지만 그것을 이겨냈을 때, 시련은 꿈을 더 크게 성장시키는 훌륭한 자양분이었음을 알게 된다.

꿈을 이루기까지 나는 수많은 시련을 겪었다. 특히 어린 시절에 겪었던 시련은 지금도 몸서리가 처질 정도의 아픈 기억으로 남아 있다. 시련의 강도가 더 셌기 때문이 아니라 나이가 어려 시련을 감당할 힘이 약했기 때문에 더 크게 상처받고 절망을 했을 것이다.

다행히 시련은 나와 내 꿈을 성장시키는 데 큰 역할을 했다. 시련을 겪을 때마다 왜 꿈을 이루어야 하는지가 분명해졌고 꿈을 이루려는 의지 또한 강해졌다.

결국 꿈이 조건을 이긴다. 내가 그랬던 것처럼 좌절하지 않고 구체적인 계획을 세워 앞만 보고 전진해 간다면 아무리 열악한 조건도 이겨낼 수 있다. 꿈은 삶의 목적이고 존재의 근거가 된다. 그것이 내 믿음이고, 내가 살아온 인생이다.

고집은 벽창호입니다

무슨 일 때문에 선생님이 벽창호라는 표현을 쓰셨는지는 정확하게 기억할 수 없다. 하지만 학창시절 내내 비슷한 이야기를 들은 것으로 보아 타고난 성향인지도 모른다. 오히려 고집 센 녀석이라 공부를 잘한다고 너그럽게 생각해주셨던 것인지도 모를 일이다.

내 또래의 사내들 아니 대부분의 어른들 가운데 소싯적에 공부 못한 사람은 드물다. 그저 운이 따르지 않아 교수나 박사가 되지 못했을 뿐 한때는 다들 수재 소리를 들었다. 그들의 입을 빌어 나온 말에 따르면 그렇디.

나도 어릴 적에 공부 깨나 한다는 소리를 들었다. 특히 초등학교 다닐 때는 어딜 가든 수재 대접을 받았다. 시험을 치면 대부분 만점을 받았고, 선생님들이 틀린 문제를 지적하다가 혼난 적도 여러 번이다. 그러다 보니 학교 선생님들조차 나를 '박박사'나 '철박사'로 불렀다.

농담 같은 무용담을 늘어놓자는 것이 아니라 실제로 그렇게 불렸다. 재미있는 것은 말이 씨가 된다고 나는 후일에 정말 박사 학위를 받았다.

어린 시절, 우리 집은 초등학교 관사 바로 앞에 있었다. 교장선생님부터 시작해 처녀 총각 선생님들이 관사에 사셨는데, 당시 교장이던 백남철 선생님은 우리 집 앞을 오가다 툭하면 들어와 나를 무릎에 앉혀 놓고 '우리 철곤이는 뭘 먹어서 이렇게 똘똘할까' 하며 귀여워해주셨다고 한다.

다시 말하지만 농담을 하자는 게 아니다. 그저 소싯적 이야기를 심심파적 삼아 하고 있을 뿐이다.

내가 느닷없이 초등학교 시절을 떠올리게 된 것은 모처럼의 휴일 낮잠에 들었다가 확성기 소리에 잠을 깼기 때문이다. 때가 선거철이라 그렇겠지만 한 시간이 멀다하고 확성기를 켠 선거 차량이 잠을 방해했다. 처음엔 은근히 성가시고 짜증도 났지만 그게 다 나라 살림 잘할 사람 뽑아달라는 행사다 생각하니 마음이 너그러워졌다.

어쨌거나 내 유년기와 소년기의 추억을 이끌어낸 것은 그 소란스러운 확성기 소리였다. 비록 가난 때문에 서운한 일이 많았던 초등학교 때지만, 그 시절을 떠올리면 늘 입가에 웃음이 머금어진다.

나는 초등학교 때 공부만 잘한 게 아니라 고집도 셌던 모양이다. 초등학교 1학년 때 내 '통신표'에는 이런 기록이 남아 있다.

"대단히 명석한 아이입니다. 그러나 고집은 벽창호입니다."

무슨 일 때문에 선생님이 벽창호라는 표현을 쓰셨는지 정확하게 기억할 수 없다. 하지만 학창시절 내내 비슷한 이야기를 들은 것으로 보아

타고난 성향인지도 모른다. 그나마 공부를 잘했기에 선생님들은 내 고집을 애써 꺾으려 하지 않았던 듯하다. 오히려 고집 센 녀석이라 공부를 잘한다고 너그럽게 생각해주셨던 것인지도 모를 일이다.

시험에서 늘 일등을 하다 보니 한번은 이런 일도 있었다. 아마 3학년 때였던 것 같은데, 교장선생님이 새로 부임하면서 매월 일제고사를 치르기 시작했다. 공정성을 기하기 위해 서로 다른 학년의 선생님들이 시험문제를 출제하고 채점까지 했다. 그런데 어느 날 채점된 시험지를 받아 보니 이름을 쓰는 칸에 잉크로 내 이름이 기재되어 있었다.

분명히 내 글씨가 아니었다. 아니, 당시 내가 가진 것이라곤 몽당연필밖에 없었으니 그 펜글씨는 애초에 내 글씨가 될 수 없었다. 그제야 나는 내가 시험지에 깜빡하고 이름을 쓰지 않았음을 깨달았다.

사정은 어렵지 않게 짐작할 수 있었다. 비록 이름은 없지만 그 시험지가 우리 반에서 유일하게 만점을 받은 것이다 보니 채점하던 선생님이 '이건 찾아볼 것도 없이 박철곤이다'라고 생각하고 대신 이름을 써넣어 주신 것이다.

또 학교를 파하고 집에 와서 책보따리를 집어던지고 친구들과 놀려고 하면 갑자기 학교 쪽에서 확성기 소리가 들리곤 했다.

"박철곤, 교무실로 와라!"

그렇게 불려 가면 십중팔구 시험지를 채점하는 일 때문이었고, 어린 초등학생이 또래 학생들의 시험지를 채점하는 진풍경이 연출되곤 했다.

요즘 초등학생들은 공부 양이 많다고 투덜대지만 우리 때도 공부 참 많이 했다. 지금 생각하면 쓸데없는 공부도 많았다. 가령, '우리나라에 읍이 세 개인 곳은?'이라는 문제도 있었고, 유엔 회원국의 숫자, 국가명, 수도, 인구밀도, 주요산업, 주요도시 등을 다 외워야 했다.

외운다고 끝나는 것이 아니다. 정답 여부를 놓고 논쟁을 해야 할 때도 있었다. 자유중국의 수도를 적는 문제가 대표적인데, 그 문제에서 나는 '타이페이'라고 썼다가 틀린 것으로 채점되었다. 왜 틀렸는지를 묻는 질문에 선생님은 심각한 표정으로 말씀하셨다.

"정답은 타이뻬이다."

"선생님. 타이페이나 타이뻬이나 같은 게 아닙니까? 중국 발음인데 이렇게도 저렇게도 표기할 수 있지 않습니까?"

"발음이 그게 아니라니까!"

나는 책에서 분명히 타이페이라고 봤다고 주장했고, 결국 그날 호되게 야단을 맞고 말았다.

또 한 번은 문어의 다리 개수를 적는 문제였는데, 나는 여덟 개라고 적은 반면 선생님은 열 개가 정답이라고 우기셨다. 그날도 나는 문어 다리는 여덟 개라고 끝끝내 주장하다가 "철박사 나와"라는 선생님의 호령과 함께 결국 교단 앞으로 불려나가 등짝을 세게 얻어맞았다.

지금 생각하면 하나같이 재미있는 일이었지만 등짝을 맞을 당시엔 얼마나 억울하고 서운했는지 모른다. 물론 선생님이 나를 미워했다고는 단 한 번도 생각해본 적이 없다. 오히려 그분들이 나를 항상 아끼고 귀여워해주셨다는 사실을 잘 알고 있으며, 지금도 감사하고 있다.

그때의 일화들을 들먹이며 내가 소싯적 이야기를 할 때마다 친구들은, '내가 졌다. 그 정도 허풍을 누가 이기겠냐' 하고 헛웃음을 웃는다. 하지만 마지막으로 다시 한 번 강조하건대, 정말이지 나는 초등학교 때 공부를 잘했다. 확성기에 대고 떠들고 싶어질 만큼 자랑스러운 기억이다.

머슴이나 보내지,
공부는 무슨

도움이 필요한 이가 누가 되었건, 원망을 힘으로 삼게 하기보다는 격려와 위안이라는 긍정적인 힘을 안겨주고 싶다. 그것이야말로 진정한 힘이고, 사람을 사람답게 하는 정이라고 믿기 때문이다.

나는 그다지 편협한 사람은 아니라고 생각하지만, 누군가를 사무치게 원망한 적이 있다. 그리고 그 원망은 한때 나를 독하게 채찍질하고 강하게 단련시켰다. 그 시절의 내게 있어 '원망은 나의 힘'이었다. 아주 오래전의 일인데도 그때를 떠올리면 이 떡끼지 가슴 어딘가에서 싸한 통증이 되살아난다.

초등학교 때부터 나는 공부만이 내 꿈을 이룰 수 있는 길이라고 믿었다. 공부가 좋았고 늘 자신에 차 있었다. 하지만 우리 집 형편으로 중학교는 꿈도 꾸기 어려웠다. 위로 두 형이나 누나 역시 공부를 잘했지만 중학교에 가지 못하고 일찌감치 생활전선에 뛰어든 상태였다.

어머니는 나 하나만큼은 끝까지 공부를 시키려고 애를 쓰셨다. 나 또

한 어머니를 실망시키지 않기 위해 부단히 노력했다. 우리 집 사정을 아는 선생님들도 어떻게 해서든 나를 중학교에 보내기 위해 고민을 하셨던 모양이다. 당시에는 중학교도 입학시험이 있을 때였고, 전주에서 최고 명문이었던 전주북중은 공립인 탓에 학비를 모두 부담해야 하는데 수석이 아니면 단순한 합격만으로는 독지가의 도움이나 장학금을 기대할 수 없었다. 결국 선생님들은 모 사립학교를 내게 추천해주셨다. 내 실력이라면 장학금을 받고 들어갈 수 있으리라 판단한 것이다.

다행히 나는 중학교 입학시험에 우수한 성적으로 합격해 3년 간 장학금을 받게 되었다. 덕분에 학비 걱정은 덜었지만 거처가 문제였다. 중학교가 전주에 있어 통학은 불가능한 상태. 그런데 몸을 의탁할 곳이 없었다. 어머니는 내가 있을 만한 곳을 알아보기 위해 동분서주하셨다.

그러던 어느 날, 해가 떨어지고 한참이 지나서야 집에 돌아온 어머니가 마루에 주저앉아 참으로 서럽게 흐느끼며 우셨다. 처음 보는 모습이었다. 어머니는 언제나 반듯한 분이었다. 여인의 몸으로 가족의 생계를 책임지느라 고달팠지만 남들 앞에서 흐트러진 모습은 한 번도 보이지 않았다. 그런 어머니가 북받치는 설움을 참지 못하고 피눈물을 토해내고 있었다.

당시 어머니는 당숙뻘 친척이 운영하는 가게에서 물건을 떼어 시장에서 장사를 하셨다. 그런데 그날 오후 장사를 마치고 물건을 넘기러 그 가게에 갔다가 수모를 당하신 것이다. 어머니를 본 그 당숙이 퉁명스러운 말투로 내 이야기를 꺼냈다고 한다.

"형수씨, 철곤이 중학교 보낸다면서요?"

당숙은 면의 상권을 쥐고 있는 지역 유지였다. 당시 부의 상징이었던 양조장과 정미소를 운영했으며, 장이 서는 날에는 큰 트럭으로 두 대씩 물건을 들여오고 수집한 물건을 내보낼 정도로 부자였다. 전주에도 큰 집을 두고 자식들을 공부시키고 있었다. 그래서 아마도 내 진학 문제가 신경 쓰였던 모양이다.

어머니는 당숙이 부담스러워할 것을 염려해 아예 내 이야기는 꺼내지도 않았는데 어떻게 알게 되었는지 그분이 먼저 내 일을 거론한 것이다. 문제는 당숙의 말이 내 어머니 가슴에 못을 박았던 것이다.

"남의 집 머슴이나 보내지, 공부는 무슨 공부. 입 하나 덜고 일 년에 쌀 한 가마라도 받으면 그게 쌓이고 쌓여 재산이 되는데……."

어머니를 무너뜨리고 그토록 서럽게 울게 했던 것은 바로 그 '머슴이나 보내지'라는 한마디였다. 나의 진학은 어머니의 꿈이자 전부였고 모진 고생을 견뎌내는 삶이 원동력이었다. 그런데 그 꿈을 무참히도 짓밟은 것이었다. 어머니는 혹시라도 짐이 될까 봐 처음부터 내 거처를 부탁하려 하지 않으셨다고 한다. 그런데 자기가 먼저 나서서 어머니 가슴에 대못을 박은 것이 아닌가.

이해할 수 없는 일이었다. 사실 그 당숙은 생면부지의 다른 집 아이까지 거두어 전주에 있는 커다란 집에서 학교를 다닐 수 있도록 도와주고 있었다. 남에겐 그런 호의를 베풀면서 정작 조카인 나는 머슴이

나 보내라니, 어머니가 얼마나 서러웠을지 짐작이 가고도 남는 일이다.

그분이 왜 그렇게 매정하게 굴었는지는 지금도 알 수 없다. 좋게 생각하자면 현실적인 조언을 해준 것일 수도 있다. 당장 먹고 살 것도 없는 집에서 자식을 중학교에 보낸다는 게 그분 입장에서는 도저히 납득하기 어려웠을지 모른다.

확실히 이루어진다는 보장도 없는 꿈을 좇는 것보다 현실의 배고픔을 해결하는 게 더 중요하다고 생각했다면 그것은 그 나름대로 일리가 있다. 하지만 꼭 그렇게 어머니의 가슴에 생채기를 내야 했을까.

당시엔 어머니도 원망이 깊었던지 나를 붙잡고 다짐을 받으셨다.

"철곤아. 어떻게든 널 중학교에 보낼란다. 그러니 너는 보란 듯이 꼭 성공해야 한다."

그날, 서럽게 우는 어머니를 보며 나도 속으로 울음을 삼켰다. 그러면서 굳게 결심했다. 내 기필코 성공해서 어머니의 한을 풀어드리겠노라고.

결과적으로 그 친척 어른은 나에게 큰 자극을 주고 동기를 부여했다. 그분 덕분에 힘들 때마다 오히려 더 강해질 수 있었다. 어려운 고비를 만나 포기하고 싶을 때, 머슴으로 보내라는 그분의 말을 떠올리며 각오를 다지곤 했다. 당시에는 원망스럽기만 했지만 꿈을 이룰 강력한 동기를 만들어주었다는 점에서 그분의 조언은 역설적으로 내게 도움이 되었다.

하지만 누군가 내게 그분처럼 타인에게 냉정하라고 조언한다면 나는 단호하게 거절할 생각이다. 도움이 필요한 이가 누구건, 원망을 힘으로 삼게 하기보다는 격려와 위안이라는 긍정적인 힘을 안겨주고 싶다. 그것이야말로 진정한 힘이고, 사람을 사람답게 하는 정이라고 믿기 때문이다.

신문배달료 480원

혹시, 오랫동안 화해하지 못하고 증오하며 살아가는 대상이 있는가? 만약 있다면 굳이 잊거나 용서하려 애쓰지 않길 바란다. 그저 그 원망을 견디기 힘들 때 나눔을 실천하기 바란다. 사랑이라는, 세상에서 가장 고귀한 치유를 경험하게 될 테니까.

오랫동안 화해하지 못한 채 증오하며 살아가는 대상이 있는가?

다른 이들은 어떤지 모르겠으나 나는 있다. 지금도 그때를 생각하면 가슴이 답답하고 위장이 쓰려온다. 지독했던 가난이 남긴 후유증이다. 가난을 이고 살다 보면 가슴 아픈 일을 수없이 겪게 마련이다. 흔히 말하는 돈 없는 설움. 아마 경험해보지 않은 사람은 그 설움을 제대로 이해하지 못할 것이다.

불행히도 난 어린 시절 그 설움을 뼈저리게 느꼈다. 아픈 경험들은 나를 정신적으로 더 강하게 단련시켰고, 도덕적인 인간으로 만들었다. 하지만 그런 상처를 안겨준 사회가 과연 정당했느냐의 문제는 별도로 생각해야 한다.

사람들은 흔히 가난이나 핍박을 '뛰어넘어야 할 하나의 수난' 정도로 쉽게 이야기한다. 하지만 그것은 그다지 바람직한 사고는 아니다. 태어났을 때부터 가난했고, 그 가난의 무게에 짓눌리며 어린 시절을 보내야 했던 이들 가운데 과연 얼마나 많은 사람들이 그것을 극복할 수 있었겠는가.

또한 가난은 '개인의 나약함이나 불운의 결과물'이라는 식으로 가볍게 정의할 수 있는 문제도 아니다. 적어도 내가 살아오는 동안 접했던 대부분의 가난은 그랬다.

친척에게 수모를 당하고 허물어졌던 어머니가 다시 마음을 다잡고 일어서는 데는 채 사흘이 걸리지 않았다. 어머니는 약하면서도 강한 분이었고, 자식을 위해서라면 불가능도 가능으로 만들 수 있는 분이었다. 어머니의 강한 집념 덕분에 나는 마침내 중학교에 입학할 수 있었.

3년 장학금을 받고 입학했기 때문에 학비는 내지 않아도 됐지만 조건이 있었다. 일정 수준 이상의 성적을 유지해야 한다는 것이었다. 하지만 나는 시험을 잘 볼 자신이 있었으므로 조건이 전혀 부담스럽지 않았다.

하지만 어렵게 시작한 중학교 생활은 결국 끝을 맺지 못하고 끝나버렸다. 문제는 재건학생회비였다. 지금은 육성회비로 불리는 그 회비는 장학금에 포함되어 있지 않았다. 당시 금액으로 33원. 남들에겐 큰돈이 아니었지만 내겐 사정이 달랐다.

당시 나는 어머니의 부담을 덜어드리기 위해 신문배달을 해서 학업을 이어가고 있었다. 신문을 배달하기 위해선 새벽 4시 15분까지 전주역에 도착해야 했다. 새벽열차로 도착하는 신문을 받아 배달에 나서야 했기 때문이다. 내게 할당된 신문은 50부 정도로 남들에 비해 많은 수는 아니었다. 하지만 어린 소년에게는 결코 만만한 분량이 아니었다. 게다가 내가 돌리는 신아일보는 구독자가 적어서 할당된 50부를 돌리자면 전주 시내의 절반가량을 돌아야 했다.

어쨌거나, 자췻집에서 전주역까지는 30분 정도의 거리였으므로 나는 늦어도 집에서 3시 45분에 출발해야 했다. 그런데 그 시절에는 통행금지라는 게 있어서 새벽에 집을 나서는 것 자체가 불법이었다. 운이 없어서 방범대원에게 걸리기라도 하면 꼼짝없이 파출소로 끌려가야 했다.

나는 방범대원을 피하기 위해 일부러 좁은 골목만 골라 역까지 가곤 했는데, 그렇게 좁고 컴컴한 골목을 걸어가다 보면 "누구야" 하는 고함소리와 함께 골목 저쪽에서 시커먼 그림자가 튀어나와 나를 향해 달려왔다. 방범대원이었다. 가슴이 덜컹 내려앉곤 했다.

하지만 정작 두려운 것은 방범대원이 아니라 '구독료 받기'였다. 지금은 어떤지 모르겠는데, 당시엔 신문배달원이 수금까지 해야 했다. 새벽에는 신문을 돌리고 오후에는 수금을 하러 또 다시 전주 시내를 뛰어다녔다.

문제는 신문구독료를 받기가 하늘의 별 따기처럼 어려웠던 것이다. 당시 한 달 신문구독료는 130원이었다. 수금을 못하면 배달료에서 그것을 제해야 하는데, 어느 달엔가 세 군데에서 수금을 하지 못했다. 도저히 재건학생회비를 낼 수가 없게 된 것이다.

그 결과는 무자비하고 냉혹하게 돌아왔다. 시험을 보던 어느 날, 서무과 직원이 교실 문을 열고 들어와 시험지를 빼앗았다. 재건학생회비를 내지 않았으니 시험 볼 자격도 없다는 게 이유였다. 당혹감, 분노, 모멸감이 차례로 마음을 비집고 들어왔다. 억울했지만 도리가 없었다.

시험을 아예 보지 못했으니 당연히 성적은 떨어졌고 계속 그 학교를 다닐 자신도 없었다. 그래도 마음을 다잡고 어떻게든 졸업할 때까지 버티려 애썼는데, 이후 비슷한 사건이 또 터져버렸다.

두 번씩이나 모진 일을 당하고 나니 더 이상 그 학교를 다니고 싶지 않았다. 우수한 성적의 학생에게 3년 장학금을 주기로 하고 입학을 시켰다면 그만큼 키울 가치가 있다고 판단했던 게 아닐까? 그런데 몇 푼 안 되는 재건학생회비를 내지 않았다는 이유로 시험조차 못 보게 하다니, 그런 학교라면 그만두는 게 낫다고 생각했다.

나는 결국 말없이 학교를 그만둬버렸다. 한 번뿐인 중학교 생활은 그렇게 끝이 났다. 자발적이지만 결코 자발적이지만은 않은 퇴학이었던 셈이다.

그때 받은 상처는 수십 년이 지난 오늘까지도 다 아물지 않았다. 하지만 흥미로운 것은 인생에 늘 반전이 있다는 사실이다. 나는 그 가혹했던 현실에 무릎 꿇지 않고 꿋꿋하게 걸어왔고, 결국은 꿈을 이루었다. 그때 받았던 상처는 흔히 말하듯 영광의 훈장으로 남게 된 셈이다.

칭찬의 힘

칭찬은 고래도 춤추게 한다고 했던가. 나는 형님과 담임선생님의 칭찬으로 오랜 공백이 주는 부담감을 떨쳤고, 공부를 통해 내 앞길을 개척해나가기 시작했다.

중학교를 자퇴한 뒤 나는 꽤 오랫동안 의기소침한 나날을 보냈다. 목표는 잊어버린 채 시골집에서 일을 도우며 산에 나무하러 갔다가 낫에 베어 손가락이 절단될 위기를 맞기도 했고, 남의 집 모내기 일, 버섯재배장의 날품팔이, 심지어 저수지 공사장에서 흙짐을 지고 나르기도 하며 암담한 시간을 보내고 있었다. 그러던 어느 날 부산에 가 있던 두 형님이 나를 불렀다.

"고등학교에 가라. 뒷바라지는 우리가 어떻게든 할 테니……."

왈칵 눈물이 쏟아질 뻔했다. 비로소 오랜 속박에서 벗어나 목표를 향해 다시 걸음을 옮길 수 있게 된 것이다.

그렇게 동생을 위해 기꺼이 희생을 자처하고 나선 형님들 덕분에 나는 고등학교 입학시험을 치를 수 있었다. 당시 큰형님이 결혼해서 부산에 살림을 차렸고, 둘째형님 역시 큰형님을 따라 부산에 일터를 잡은 터라 나는 자연스레 부산에 있는 고등학교에 입시 원서를 냈다.

이미 고등학교 1차 입학시험이 끝난 상태라 지원할 수 있는 학교가 많지 않았다. 게다가 중학교 때 크게 데었던 터라 사립학교는 아예 대상에서 제외시켰기 때문에 선택의 여지는 더 좁았다.

형님 집은 부산 당감동에 있었는데 주변의 인문계 고등학교를 물색해보니 '동래고등학교'와 '개성종합고등학교' 두 곳뿐이었다.

부산에는 3대 명문중학교가 있었다. 부산중학교, 경남중학교 그리고 개성중학교다. 예전에는 중학교마다 동일계 고등학교가 있었는데, 개성중학교의 동일계가 유명한 부산상고였다. 하지만 개성중학교와 부산상고는 따로 떨어져 있는데다 같은 계열이 아니었기 때문에 개성중학교에서는 결국 동일 인문계 고등학교를 설립하게 되었다. 동일계 고등학교가 있어야 개성중학교가 더 발전할 수 있다는 판단에서였다. 그렇게 세운 학교가 바로 개성종합고등학교였다.

그때만 해도 실업고등학교를 육성할 때라 인문계 고등학교로는 설립인가가 나지 않아 인문계와 상업계를 모두 포함하는 종합고등학교로 출발한 것이다. 그리고 그 뒤 개성종합고등학교는 순수 인문계로 바뀌면서 교명도 부산진고등학교로 바꾸고 크게 발전했다.

어쨌든 당시 형님들과 나는 이 개성종합고등학교에 마음이 끌렸다. 설립된 지 1년이 조금 넘은 학교라 의욕이 크고 지원도 많을 것이라 기대했기 때문이다. 내가 2회 졸업생이니 당시 1학년만 있는 상태였다.

고등학교 시험은 생각보다 어려웠다. 너무 오랫동안 공부를 놓아서 그런지 쉬운 단어도 잘 생각이 나지 않아 당혹스럽기도 했는데 운 좋게 합격했다.

공백 기간의 후유증은 생각보다 컸다. 고등학교에 입학한 후 첫 달 시험에서 나는 반 석차 8등을 했다. 중학교 때 시험지를 빼앗겨 시험을 보지 못했을 때를 제외하곤 1등을 놓쳐본 적이 없는 나로서는 받아들이기 힘든 결과였다. 어떻게 형님께 성적표를 보여드리나 걱정이 태산이었다. 단단히 혼날 각오를 하고 성적표를 보여드렸는데 뜻밖에도 형님은 격려를 해주었다.

"애썼다. 중학교도 졸업하지 못하고 공백기까지 있었는데, 부산까지 와서 이만큼 했으면 정말 잘한 거다."

형님의 말에 용기백배한 나는 더욱 열심히 공부했다. 다음 달 시험에서는 8등에서 2등으로 성적이 올랐다. 성적표가 교부된 후 담임이셨던 이종경 선생님께서 나를 불러 옥상으로 데리고 가셨다. 시내를 내려다보며 선생님은 말씀하셨다.

"철곤아. 니가 부산까지 와서 2등을 했으면 정말 잘한 거데이. 열심히 해라. 그러면 다음에는 1등을 할 것이다"라며 등을 두들기고 격려해주셨다. 힘이 저절로 나는 기분이었다.

이윽고 나는 5월에 1등을 했고, 이후 졸업을 할 때까지 전교 1~2등을 다투며 공부에 대한 자신감을 되찾게 되었다. 칭찬은 고래도 춤추게 한다고 했던가. 나는 형님과 담임선생님의 칭찬으로 오랜 공백이 주는 부담감을 떨쳤고, 공부를 통해 내 앞길을 개척해나가기 시작했다.

세상을 살다보면 때론 의도와는 상관없이 남의 말 한마디가 한 사람의 인생을 바꾸기도 한다. 별다른 뜻 없이 가볍게 던진 농담 한마디가 타인에게 큰 상처가 되고, 심할 경우 목숨까지 잃게 하는 부작용을 낳을 수도 있는 것이다. 하지만 작은 칭찬과 격려의 한마디는 절망의 늪에 빠져 있는 사람을 벌떡 일어나 앞으로 달려 나가게 하기도 한다.

오로지 공부만 한번
해볼 수 있었으면

대부분의 학생들이 '공부만 한번 해봤으면' 하는 나의 바람을 이해할 수 없을 것이라고 생각한다. 사람은 자신이 누리고 있는 행복이 얼마나 소중한 것인지 깨닫지 못하는 법이니까. 그것을 잃고 나서 후회하기 전까지 말이다.

한양대학교 HIT관 6층, 백남 김연준 한양대 설립자님 영정 앞에서 나는 흐르는 눈물을 주체할 수가 없었다. 빈소에는 많은 조문객들이 줄을 잇고 있었지만 나는 한동안 영정 앞에서 일어날 수 없었다. 개인적으로 친분이 깊거나 별도로 개인적인 도움을 받은 바는 없지만 내가 서른의 나이를 먹으며 꿈꿔왔던 간절한 바람을 이루어준 분이기 때문이었다.

이미 앞서 여러 번 이야기했지만, 나는 지독한 가난과 어려운 여건 속에서도 고시에 합격해야 한다는 목표를 이루기 위해 노력했다. 어머니의 눈물겨운 희생과 특히 작은 형님 내외를 비롯한 형제·자매들의 헌신적인 지원이 이어졌지만 '공부만 하기에는 여전히 어려움이 따랐다. 고학을 할 때도 잠시 공부를 접고 돈벌이에 나섰던 것도 모두 공부를 계속하기 위한 몸부림이었다.

가끔은 주위의 도움으로 편안히 공부를 할 수 있기도 했지만 당장 다음 달 방세와 식비 걱정으로 마음 놓고 공부를 할 수 없었다. 그럴 때마다 "그냥 공부만 한번 해봤으면…… 나도 아무 걱정 없이 공부만 해볼 수 있었으면……" 하는 간절한 마음을 갖기도 했다.

그런데 한양대 편입으로 초등학생 때부터 서른이 되어서까지 갖고 있었던 나의 바람이 이루어졌다. 한양대 3학년 편입과 동시에 고시반에 입실하면서 먹고 자는 고민이 해결됨은 물론이고 등록금 전액지원과 함께 공부할 수 있는 공간과 매월 책값까지 지원을 받게 되었으니, 그간 내가 그렇게도 간절히 바랐던 '공부만 할 수 있는 여건'이 조성된 것이었다.

나는 4학년 말이 되는 그 다음 해에 고대하던 행정고시에 합격했다. 공부에만 집중할 수 있는 좋은 환경이 나의 중간목표 달성을 도와준 것이었다. 그러나 한양대를 오기까지의 과정도 순탄하지만은 않았다.

고등학교에 진학해서도 걱정 없이 공부만 할 형편이 되지 못했었다. 초등학생 과외 지도부터 형님들 일 돕기는 물론 따로 공부할 공간이 없어 새벽부터 밤늦게까지 학교 신세를 져야 했다. 고등학교 졸업은 내게 다시 긴 고난의 시작이었던 것이다. 어쨌든 대학을 가야겠다고 남들이 모두 가고 싶어하는 대학에 지원을 했으나 결과는 실패로 돌아왔다. 여러 가지 원인이 존재했지만 실패는 실패였다.

고등학교를 졸업하자마자 서울로 올라왔다. 딱히 대책이 있거나 뾰족한 수가 있는 것은 아니었다. 무작정 서울로 올라오긴 했지만 마땅히 머물 데도 없었다. 잠시 친구 누나 집에 얹혀 있기도 하고, 독서실을 전전하기도 했으며 때로는 가정교사로 일하며 숙식을 해결했다.

생활이 안정되지 않은 상태에서 고민에 고민을 거듭하다가 언뜻 나의 목표는 고시이지 대학은 아니라는 생각에 이르렀고 나는 결단을 내렸다.

'그래 포기하자. 꼭 대학을 다녀야 고시에 합격하는 것은 아니지 않은가!'

지금 생각해보면 일종의 현실도피에 불과했지만 결국 나는 군대를 선택했다. 우선 군대를 다녀온 후 바로 고시를 보겠다는 독한 마음으로 군대에 갔고, 틈틈이 시간 나는 대로 책을 보겠다고 단단히 마음먹었다. 손에서 책을 놓지 않으려 애썼지만 군대가 그렇게 호락호락할 리 없었다. 새로운 것을 배우는 것은 고사하고 아는 것조차 머릿속에서 지워져 갔다.

그렇게 군생활 3년을 마치고 제대했을 때, 내게는 아무것도 없었다. 어떻게 꿈을 이루며 살아가야 할지 막막함이 앞섰다. 그대로 낙오자의 삶을 살아야 할지 모른다는 두려움이 엄습했다.

만약 그 두려움을 이겨내지 못했다면 어땠을까. 지금 생각해도 아찔하다. 다행히 나는 다시 도전하는 쪽을 택했다. 독학으로 고시공부를 시작했다. 그동안 사시와 행시 사이에서 망설이던 마음도 정리하여 미래지향적이면서도 진취적인 일을 할 수 있다는 판단 하에 행정고시를 선택했다. 어렵게 신림동에 있는 고시원에 자리를 잡고 돈을 벌며 공부하는 생활을 시작했다.

하지만 한편으로는 어떻게 해서든 대학졸업장을 받아야겠다는 생각을 하게 되었고, 방송통신대에 원서를 넣었다. 가정형편이 어려운 사람들을 위해 만든 학교라 학비에 대한 부담도 적고 교육내용도 나쁘지 않았다.

당시만 해도 방송통신대학 입학은 꽤나 어려웠다. 고등학교 성적이 상위 10퍼센트 이내여야 합격할 수 있을 정도로 경쟁이 치열했다. 졸업하기는 더 어려웠다. 하지만 고시공부를 병행하면서도 나는 우수한 성적으로 졸업할 수 있었다. 그리고 그것은 결국 한양대 고시반으로 나를 안내하는 이정표가 되어주었다.

2년제였던 방송통신대 졸업을 앞두고 나는 행정고시 1차 시험에 합격하고 2차 시험을 준비 중이었다. 그런데 그 즈음 귀가 솔깃한 정보 하나를 얻게 되었다. 한양대 고시반에 관한 것이었다

그곳에 들어가면 숙식은 물론 등록금과 장학금까지 지원해준다는 소문이 무성했다. 학교의 명성을 높이기 위해 한양대에서 구성한 특수반이 바로 고시반이었던 셈이다. 게다가 다른 대학은 2학년 편입밖에 안 되는데, 한양대는 3학년 편입이 가능했다.

한 번이라도 마음 편히 공부에 매진해보고 싶은 나로선 그보다 좋은 조건이 없었다. 하지만 편입 자격을 얻자면 편입 자격 검정고시라는 것

을 치러야 하는데, 하필이면 행정고시 2차 시험을 이틀 앞둔 날로 수험일이 정해졌다. 자격시험을 보느냐 행정고시 2차 시험에 집중하느냐로 고민할 수밖에 없었다.

가벼운 문제가 아니었다. 시험이 코앞에 다가왔을 때의 하루는 천금과도 같다. 남들이 보기에는 하루쯤 공부 안 한다고 당락이 달라지겠느냐 생각할 수 있지만 그렇지가 않다. 시험에 임박하면 거의 밤을 새면서 1분 1초를 아껴 마지막 총정리에 총력을 기울여야 한다. 그런 상황에서 편입을 위해 하루를 빼기란 쉬운 일이 아니었다.

시험 보는 날 아침까지 갈팡질팡했다. 2차 시험 준비를 안 하고 편입 자격 검정고시를 보러 간다는 것이 썩 내키지 않았지만 문제는 편입 자격 검정고시가 1년에 한 번밖에 없다는 것이었다. 그 기회를 놓치면 다음 해까지 1년을 기다려야 하는데 그 점이 마음에 걸렸다.

당일 아침까지 고민하다 시험을 보러 갔다. 마음이 어수선한 상태로 시험장에 가다 보니 수험표를 잊어버려 우여곡절 끝에 수험표를 재교부받아 간신히 시험을 치를 수 있었다. 다행스럽게도 검정고시 시험에는 우수한 성적으로 합격했다. 대신 그해 행정고시 2차 시험에선 간발의 차이로 탈락의 고배를 마시고 말았다.

2차 시험에서 떨어진 후 무작정 한양대로 찾아갔다. 아는 사람도 없고 추천서도 없었으므로 한양대 법대 교수 명단을 보고 김기수 교수를 찾아갔다. 특별한 연고가 있어서가 아니었다. 사실 처음엔 한양대를 일으켰다고 평가되는 김기선 교수를 찾으려 했다. 하지만 명단에 그분 이름이 없어 이름이 비슷한 김기수 교수를 찾아간 것이다.

자초지종을 들은 김기수 교수는 애매한 표정을 지으며 고시반을 관장하고 있는 배준상 학장께 나를 인계했다. 학장 앞에서 나는 다시 한양대를 찾은 이유를 열심히 설명했다.

"2차 시험에서 아슬아슬하게 떨어졌습니다. 한양대 고시반에 들어가 고시 공부를 하고 싶습니다."

고시 성적표까지 보여드렸는데도 반응은 시큰둥했다.

"그래. 성적은 우수하구나. 하지만 편입은 전적으로 학교본부에서 주관하는 것이어서 법대에서 전혀 관여할 수 없다. 일단 편입시험을 보거라."

사실 그런 대답이 나오리라고는 전혀 예상하지 못했다. 고시 성적표를 보여드리면 학장의 권한으로 편입도 시켜주고 고시반에 넣어줄 줄 알았다. 그런데 편입시험이나 보라니. 내가 아는 한 그 당시만 해도 편입은 기부를 한 사람에게 유리했다. 과연 시험을 봐서 편입할 수 있을지 혼란스러웠다.

시험은 잘 봤다. 운 좋게 내가 잘 아는 분야에서 문제가 나왔다. '공법과 사법의 구별에 대해 논하라'하는 문제였는데 분량 제한이 없어 답안지 앞뒤 면을 빼곡하게 썼다. 영어, 행정법, 행정학 세 과목을 봤는데, 영어는 몰라도 다른 두 과목은 만족스럽게 보았다. 시험으로만 뽑는다면 합격할 수 있겠다는 생각이 들었다.

시험을 본 후 면접을 봤다. 행정학과 정원이 20여 명이었고, 결원이 생겨도 한두 명에 불과했을 것이다. 그런데 면접장에 모인 사람은 무려 70여 명. 아무리 시험을 잘 봤어도 합격할 수 있을지 자신이 없었다.

합격자 발표 날, 떨리는 마음으로 확인을 했다. 놀랍게도 합격이었다. 고시 1차 시험에 붙었을 때보다 기분이 더 좋았다. 합격증을 들고 학장을 찾아갔다.

"어 됐어? 어디 보자."

소파에 앉아 있던 학장은 깜짝 놀라며 벌떡 일어났다. 편입시험을 보라고 하기는 했지만 붙을 가능성이 없다고 판단했던 모양이다.

"야, 너 정말 우수한 아이구나. 어떻게 편입시험에 됐어? 편입시험 그렇게 되는 게 아닌데, 어디 다시 보자."

믿기지 않는다는 듯 몇 번이나 합격증을 보고 또 봤다. 학장은 곧장 나를 고시반에 넣어주었다. 그로 인해 난생 처음 아무 걱정 없이 공부에만 몰입할 수 있게 되었다. 그때만큼 행복했던 시기가 또 있었을까.

한양대에 편입해 고시반에 들어간 일은 내 인생에서 아주 의미가 깊다. 요즘 같았으면 대부분의 학생들이 '공부만 한번 해봤으면' 하는 나의 바람을 이해할 수 없을 것이라고 생각한다. 사람은 자신이 누리고 있는 행복이 얼마나 소중한 것인지 깨닫지 못하는 법이니까. 그것을 잃고 나서 후회하기 전까지 말이다.

산사의 추억 Ⅰ

절망은 끝을 의미하는 게 아니었다. 그저 눈에 덮인 산사처럼 나의 의지가 내면 깊숙한 곳으로 가라앉는 일에 불과했다. 그리고 어느 순간 알 수 없는 힘에 떠밀려 다시 떠오르게 되었다. 아마도 그 정체불명의 힘을 사람들은 희망이라고 말하는 것 같다.

'눈 내리는 밤, 그대는 무엇을 생각하시는지……'

누군가는 따스했던 어머니의 품을 떠올릴 테고, 누군가는 그리운 친구를, 또 다른 누군가는 첫사랑의 체취를 추억할지도 모른다. 나이 지긋한 노인이라면 땅에 묻어둔 동치미 항아리의 얼음을 깨던 유년을 기억해낼 수도 있다.

내가 추억하는 그해 겨울밤의 눈은 깊은 정적과 어둠에 휩싸인 산사(山寺)로 찾아왔다. 날이 저물 무렵부터 내리기 시작한 눈이 온 산을 하얗게 뒤덮었지만 내 눈에 보이는 세상은 온통 잿빛이었다. 바로 며칠 전, 나는 24회 행정고시 2차 시험에서 탈락했다는 소식을 들었던 것이다. 당시의 내게 있어 행정고시는 출세를 보장하는 열쇠도 궁색한 삶을 벗어나기 위한 수단도 아니었다. 그저 내가 어렸을 적부터 꾸어온 꿈을 실현할 수 있는 과정이자 가족에게 진 빚을 갚기 위해 내가 할 수 있는 유일한 일이었다.

시험 결과가 발표되기 전까지만 해도 세상은 화사한 빛으로 가득했다. 나름대로 최선을 다했고 합격할 자신도 있었다. 하지만 누구나 알고 있는 것처럼 세상은 자신의 뜻대로만 이루어지는 것은 아니다.

불합격 소식을 듣는 순간 내 의식 속 세상은 온통 잿빛뿐이었다. 내가 살아있는 한 다시는 웃을 수 없을 것 같았다.

탈락의 고배를 마시고 마음을 추스르지 못해 힘들어했으나 내게는 방황할 여유조차 주어지지 않았다. 그저 다음 시험을 위해 또다시 뚜벅뚜벅 전진하는 수밖에 없었다. 마침 내가 몸담았던 한양대학교 고시반에서는 방학 때마다 조용히 공부할 만한 산사를 섭외해 고시생들을 보냈다. 불편한 심사도 정리할 겸 나는 후배 몇 명을 데리고 남고산에 있는 삼경사로 떠났다.

삼경사. 시내에서 멀지 않은 곳에 위치한 산사였는데도 세상과 뚝 떨어진 듯 고적했다. 눈은 또 왜 그리 많이 내리던지. 깊은 산속의 하늘은 늘 무거운 구름을 지고 있었고, 한번 눈을 쏟기 시작하면 며칠이고 멈추지 않았다. 쌓인 눈은 잘 녹지도 않아 산사는 겨우내 눈에 파묻혀 있었다.

눈 쌓이는 밤의 정적이 문득 깨지고 흩어지는 소리를 아시는지. 한밤중, 공부를 하다 보면 가끔씩 밖에서 바스락 바스락 소리가 들린다.

누군가 조용히 눈을 밟으며 오는 소리다. 그 밤중에 누가 깊은 산사로 올까 싶으면서도 혹시나 하는 마음에 문을 열어보면 아무도 없었다.

머리끝이 쭈뼛 섰다. 분명 인기척이 들렸는데 눈 쌓인 마당은 발자국 하나 없이 깨끗했다. 잘못 들었나 싶어 문을 닫고 공부를 하다 보면 어디선가 또 바스락 바스락 소리가 났다.

그 소리의 정체를 눈치챈 것은 산사 생활이 열흘째 접어들 무렵이었다. 짐승의 걸음 소리 같기도 하고 가랑잎 밟는 소리 같기도 하던 그 소리는 뜻밖에도 함박눈이 쌓이는 소리였다.

쌓이는 눈에도 소리가 있다는 사실을 알게 된 것은 그 산사를 휘감고 있던 정적 덕분이었다. 그러니 눈이 눈을 밟는 소리가 아니라, 눈이 정적을 밟는 소리였다는 게 정확한 표현일지도 모른다. 그도 아니라면 정적의 무게가 눈을 짓누르는 소리였던가.

소리의 정체를 알고 난 뒤로 함박눈이 내리는 소리는 내 마음을 더욱더 허허롭게 했다. 세상으로부터 나 혼자 고립되어 있는 듯 외로웠다. 나를 위해 울어줄 사람도, 나를 따뜻하게 위로해줄 사람도, 앞으로 함께 더불어 살 수 있는 사람도 없을 것 같다는 절망감이 밀려왔다. 가슴을 짓누르는 고독을 토해내며 펑펑 통곡하고 싶었다.

고시에 떨어진 것이 처음도 아니고, 그 이전에도 수없이 많은 시련을 겪었지만 그해 겨울처럼 깊은 절망감에 빠져 허우적거린 적은 없었다. 꼭 붙을 것이라 기대했었기 때문인지 절망감은 좀처럼 수그러지지 않았다. 바람이 불면 마음은 더 공허했다. 뻥 뚫린 가슴으로 바람이 휘이

익 소리를 내며 지나가는 느낌이었다.

 도무지 바닥이 보이지 않았다. 시간이 지날수록 더 깊은 수렁에 빠져 도저히 빠져나올 수 없을 것 같았다. 하지만 바닥은 분명히 있었다. 아무리 애를 써도 떨쳐버리기 어려웠던 절망의 무게가 어느 순간부터 가벼워졌다. 그리고 절망이 물러난 자리에 조금씩 희망의 싹이 트기 시작했다. 대체 어떤 마법이 있었던 걸까, 알 수 없다.

 겨울방학이 끝날 무렵 나는 이미 마음을 새롭게 다잡고 고시 공부에 몰입하고 있었다. 다시 주위를 둘러보니 끝없이 쌓이기만 할 것 같던 산사의 눈이 햇볕에 녹고 산사의 마당 한편에선 봄이 움트는 중이었다.

 그제야 깨달은 것이지만 절망은 끝을 의미하는 게 아니었다. 그저 눈에 덮인 산사처럼 나의 의지가 내면 깊숙한 곳으로 가라앉는 일에 불과했다. 그리고 어느 순간 알 수 없는 힘에 떠밀려 다시 떠오르게 되었다. 아마도 그 정체불명의 힘을 사람들은 희망이라고 말하는 것 같다.

 만약 그대가 지금 절망의 무게에 허덕이고 있다면 부디 기억하기 바란다. 비록 보이지는 않지만 그대 마음속에는 절망을 떨치고 솟아오를 강한 힘이 자리 잡고 있다는 사실을. 스스로 포기하지 않는 한 희망은 그대 곁을 떠나지 않는다.

 그해 겨울 나를 찾아왔던 눈 내리던 밤의 소리는 절망의 울림이 아니었다. 나는 애초에 절망의 그림자를 떠안은 채 산사를 찾지 않았던가.

그러니 그때 내렸던 함박눈은 오히려 아무에게도 들키기 싫어했던 내 안의 상처를 온전히 끄집어내 치유하기 위해 찾아온 손님이었을 것이다. 그렇지 않고서야 내가 이토록 산사의 눈 내리던 밤을 그리워할 리가 없지 않겠는가.

산사의 추억 Ⅱ

묘한 것은 그런 중화사의 풍경 하나하나가 매우 여유롭게 느껴져서 공부에 지친 내 머리를 맑게 해준다는 점이다. 그래서였을까. 중화사에서 여름 한 철을 보낸 후 나는 그토록 꿈꾸던 세계에 발을 내딛게 되었다.

 세상에 쓸모없는 사람은 없다. 사람 발길 닿지 않는 곳에 조용히 피었다 시드는 이름 모를 풀꽃조차 저마다 세상에 온 이유는 있게 마련이다.
 언젠가 누에를 처음 구경한 아이가 '벌레다' 하고 소리치며 인상을 찌푸리는 것을 본 적이 있다. 하긴, 비단실을 뽑아낸다는 점이 다를 뿐 누에라고 어찌 벌레의 범주를 벗어날 수 있을까. 하지만 아주 어려서부터 누에를 보고 자란 사람이라면 그 앙증맞은 벌레를 보고 인상을 찌푸리는 대신 반갑고 환한 미소를 내비쳤을 것이다. 호칭도 벌레 대신 삼유나 잠노, 홍잠처럼 누에의 생태에 맞는 이름을 불러주었을 테고.
 누에를 위해 뽕잎을 따고 잠자는 누에를 깨우지 않기 위해 조심조심 까치발로 걸어본 적이 있는 아이라면, 고양이와 함께 잠사(蠶舍) 앞을 지켜본 아이라면, 세상에 귀하지 않은 생명이 없다는 것을 저절로 배웠으리라.

한양대 고시반 시절, 우리 고시생들을 위해 학교 당국에서 마련해준 비구니 사찰 중화사에도 잠사가 있었다. 원래 누에는 봄과 가을 두 번에 걸쳐 치는데다 마침 누에사업이 쇠락해가던 시절이라, 중화사에서는 여름 한 철 산사에 기거하기로 한 우리들에게 잠사를 숙소로 내주었다.

중화사는 역사가 있는 단아한 절로, 대웅전 계단 아래 넓은 절 마당이 있고 마당 좌우에는 신도들이 머무는 숙소가 있었다. 왼쪽 숙소에는 절의 잡다한 업무를 도맡아 하는 김처사라는 사내와, 중화사 스님들이 돌보는 명희라는 고아 소녀가 상주했다. 비구니 스님들이 머무는 요사채는 대웅전 외곽에 있었는데, 그해 여름방학에는 마침 인하대 학생들이 요사채 근처의 방 몇 칸을 빌려 머물고 있었다.

우리가 숙소로 쓰던 잠사는 중화사 본채에서 제법 떨어져 있었다. 절 옆으로 난 길을 돌아 산 중턱에 자리 잡고 있었던 것이다. 깨끗이 청소했다고는 해도 잠사로 쓰던 곳이다 보니 누에 냄새가 옅게 배어 있었다. 그 때문에 후배들은 농담 삼아 요사채 근방의 숙소를 쓰는 인하대 학생들을 부러워했다.

하지만 나는 개인적으로 잠사가 몹시 마음에 들었다. 어린 시절부터 누에와 친숙했기 때문에 잠사가 풍기는 희미한 냄새의 흔적들이 편안하게 느껴진 것이다.

몸집을 키울 때의 누에는 정말 쉬지 않고 먹어댄다. 수천 마리 누에들이 일제히 뽕잎을 갉아먹을 때 내는 그 소리는 때때로 누에들의 이야기 소리처럼 들린다. 그래, '재잘거리고 있다'는 표현이 어울릴 것 같다. 그 작고 통통한 우윳빛 몸통을 이리저리 굴리고 부딪치며 끊임없이 먹고, 끊임없이 재잘거리고, 끊임없이 똥을 쏟아낸다. 공부가 지칠 무렵 방바닥에 누워 지그시 눈을 감으면 방 여기저기에서 소리의 흔적들이 되살아나는 느낌이었다.

내가 중화사를 기분 좋게 추억하는 이유는 비단 잠사가 주는 편안함 때문만은 아니었다. 그곳의 주지인 영우 스님이 주는 묘한 매력도 한몫을 했다. 영우 스님은 당시 일흔이 넘은 연세였는데, 엄한 듯하면서도 매우 자애롭고 투박한 성격이었다. 어쩌다 공부에 지친 고시생들이 몰래 읍내에 나가 술이라도 한 잔 하고 돌아오면 다음 날 아침 어김없이 벼락이 떨어졌다.

"니 어제 어디 갔었노?"

불호령과 함께 매운 손바닥이 등짝을 후려쳤다.

그렇다고 영우 스님이 호랑이처럼 무서웠던 것만은 아니다. 좀처럼 마음을 잡지 못하는 고시생들이 있으면 조용히 찾아가 은근한 목소리로 '송화차 한 잔 줄까?'라고 인심을 쓰기도 했다. 짐작하겠지만 송화차는 송화(松花)로 담근 술로, 고시생들에게는 뿌리치기 힘든 유혹이었다.

비록 불가에 몸을 담고 있지만 영우 스님은 고시생들에게까지 절의 법도를 강요하지는 않았다. 오히려 그 반대였다.

"느그들은 모과차 먹지 마래이. 정력 약해진데이."

뜬금없이 그런 말을 내뱉거나, 절밥 먹는 고시생들을 걱정할 때도 있었다.

"지금이야 어쩔 수 없지만 절에서 먹는 음식도 너무 자주 먹지 마래이."

주지 스님이 그런 말씀을 할 때마다 고시생들은 쓴웃음을 지을 수밖에 없었다. 절에서는 오신채(五辛菜)라 하여 마늘과 파, 부추, 달래, 흥거를 금지하고 있다. 향이나 자극이 강한데다 양기를 북돋는 역할을 한다고 알려져 있어 수도에 정진하는 스님들에게는 방해가 된다고 믿기 때문이다.

사정이 그렇다 보니 절에서 공부하는 학생들도 스님들처럼 오신채가 빠진 음식을 먹을 수밖에 없는데, 영우 스님은 그것이 마음에 걸렸던 것이다. 또 한편으로는 고시생들이 하루 빨리 합격하길 바라는 마음 때문이기도 했을 것이다.

영우 스님 외에도 기억에 남는 비구니 스님이 있는데, 그분의 법명은 묘화였다. 나이는 스물이 될까 말까 했는데, 늘 얼굴에 미소를 머금었다. 그 미소에는 연민을 느끼게 하는 묘한 슬픔이 있어 법명과 잘 어울린다는 생각을 하곤 했다.

그리고 그녀와는 아주 대비되는 인물로 술주정뱅이 김처사도 있었다. 그는 절의 모든 잡무를 도맡아보았는데, 대부분의 시간은 술에 취해 잠들어 있었다. 하지만 주지인 영우 스님은 그런 김처사를 아주 잘 다루었다. 필요한 일이 있을 때마다 됫병들이 소주 한 병을 들고 잠든 김처사를 깨웠으며, 김처사는 당연하다는 듯 소주 한 사발을 들이켠 후 소처럼 열심히 일하곤 했다.

묘한 것은 그런 중화사의 풍경 하나하나가 매우 여유롭게 느껴져서 공부에 지친 내 머리를 맑게 해주곤 했다는 점이다. 그래서였을까, 중화사에서 여름 한 철을 보낸 그해에 나는 행정고시 1차, 2차, 3차 시험을 한 번에 통과하여 그토록 꿈꾸던 세계에 발을 내딛게 되었다.

돌이켜보면 중화사는 내 인생의 아주 중요한 순간에 찾아와 지친 심신을 치유해준 소중한 안식처였던 셈이다.

산사의 추억 Ⅲ

나는 꿈이나 미신 같은 것을 잘 믿지 않는다. 종교와도 거리가 있어서, 고시 공부를 하며 산사의 신세를 많이 졌음에도 끝내 불교 신자가 되지 못했다. 하지만 절실함이 가진 힘만은 믿고 있다. 적어도 능사를 잡을 수 있었던 게 내 절실한 바람 덕분이라는 믿음만은 지금도 변함없다.

중화사와 관련한 추억 가운데, 내게 아주 각별한 이야기 하나를 덧붙이고자 한다.

종종 너무도 간절하게 무언가를 원하면 꿈으로 나타날 때가 있다. 그리고 그 꿈이 마법처럼 현실에서 재현되기도 한다. 나도 그런 경험을 했다. 지금 생각해도 믿기 어려운 신기한 체험이다.

중화사 주변에는 유난히 뱀이 많았다. 그 수가 얼마나 많은지 절에 올라가는 도로 곳곳에 깔려 죽은 뱀들이 널려 있을 정도였다. 뱀도 그냥 뱀이 아니라 대부분 독사였다. 독 없는 뱀은 낯선 기척이 느껴지면 부리나케 도망가지만 독사는 다르다. 가만히 도사리고 있다가 건드리면 확 물어버린다.

스님들은 어땠는지 모르겠으나 고시생들에게 막대기는 필수품이었다. 방문 앞에 막대기를 세워두었다가 밖에 나갈 때는 풀숲을 툭툭 치며 다녀야 했다. 그러지 않으면 언제 독사에게 물릴지 모를 일이었다.

처음에는 뱀이 징그럽고 무서웠지만 시간이 지날수록 친숙해졌다. 더운 여름, 고적한 절에서 하루 종일 공부하다 보면 무료해지기 마련이다. 그럴 때 뱀이 나타났다는 소리를 들으면 재미있는 놀이라도 생겼다는 듯 모두들 우르르 몰려나가 뱀을 잡았다. 뱀을 잡는 솜씨도 점차 숙달되어 나중에는 땅꾼 못지않게 되었다. 고시를 접고 뱀 잡는 일을 생업으로 삼자는 농담까지 하곤 했다.

지금 생각하면 멋쩍은 웃음밖에 나오지 않는다. 나름대로 수재라 불리는 사람들이 개구쟁이 악동들처럼 뱀을 잡으러 다니곤 했으니……. 그것도 살생을 금하는 절간에서 말이다. 하지만 스님들 대신 향화객들의 안전을 책임지겠다는 적당한 명분을 내세우며 우리는 치기 어린 뱀 사냥을 멈추지 않았다.

한동안은 뱀을 잡으면 술을 담갔다. 어지간히 술을 많이 담갔는데도 계속 발에 치이는 게 뱀이다 보니 슬슬 구워먹는 단계로 발전했다. 계곡에서 불을 피워 구워먹기도 하고, 그것도 질리면 뱀탕으로 고아먹었다.

요즘 젊은이들이 들으면 기겁할 일이지만 그 시절의 우리에겐 그게 꼭 치기나 심심파적만은 아니었다. 절에서 공부하는 고시생 대부분이 가난에 찌든 젊은이들이었고, 산사의 밥상엔 눈을 씻고 찾아봐도 고기가 없었다. 어떻게든 영양을 보충해야 했는데, 뱀이 때때로 나타나 그

몸을 보시한 셈이다. 성정이 불같고 꼬장꼬장했던 주지 스님이 고시생들의 행태를 은근슬쩍 눈감아 주신 것도 그런 사정을 잘 알고 있었기 때문일 것이다.

나도 별다를 것 없는 가난한 고시생이어서 뱀 잡는 일에 관심을 게을리하지 않았다. 하지만 뱀을 잡아 구워도 좀체 입에 댈 수는 없었다. 특별히 비위가 약한 것은 아니지만 굳이 먹고 싶다는 생각은 들지 않았던 것이다.

그런데도 뱀 사냥에 관심을 보인 것은 단순히 그 일이 재미있다거나 공부가 지루하다는 이유에서가 아니었다. 내 뱀 사냥에는 나름대로 간절한 사정이 있었다. 어머니가 오래전부터 신경통을 심하게 앓았는데, 능구렁이로 담근 술이 신경통에 즉효라는 이야기를 들었던 것이다.

자식을 머슴으로 보내라는 소리에 하루 종일 오열했던 어머니, 검불처럼 가벼운 몸으로 억척스럽게 자식의 뒷바라지를 했던 어머니, 신경통으로 밤새 잠을 못 이루면서도 새벽이면 누구보다 일찍 일어나 고된 하루를 준비하던 어머니 마음에 밟혔다. 언젠간 고시에 합격하리라는 확신이 있었음에도 어머니를 떠올리면 고시 공부가 죄를 짓는 일처럼 느껴졌다.

그런 자책 때문이었는지, 어머니의 병만은 꼭 내 손으로 고쳐드리고 싶었다. 그래서 '뱀이다!'라는 소리가 들릴 때마다 책을 덮고 밖으로 뛰쳐나가곤 했다.

그런데 아무리 능구렁이, 능구렁이 노래를 부르고 다녀도 도통 능구렁이가 잡히지 않았다. 한동안은 '언젠가 잡히겠지' 하며 느긋하게 마음먹었는데, 여름방학이 끝나면서 절을 떠나야 할 때가 다가오자 마음이 조급해졌다. 꿈에서조차 능구렁이를 찾아 헤맬 만큼 간절했다.

그렇게 덧없이 시간이 흘렀는데, 절을 떠나기 이틀 전 아침에 또 꿈을 꾸었다. 그동안은 애타게 능구렁이를 찾아 헤매는 꿈이었으나 이번엔 달랐다. 일행과 함께 길을 가고 있는데 언덕을 따라 길게 이어진 농수로에 뱀 한 마리가 똬리를 틀고 있었다. 자세히 보니 그토록 간절하게 찾던 능구렁이였다.

반가운 마음에 '야~ 능사다!'라고 소리치며 얼른 수로에 뛰어들었다. 마침 옆에 있던 일행이 각목 하나를 건네주었다. 네모진 각목 가운데 홈이 파여 있어 뱀을 잡기에 안성맞춤이었다. 각목으로 뱀의 목을 눌러 잡아 감아올렸다.

얼마나 고대하던 능구렁이던가. 꿈속에서 '잡았다!' 소리를 지르다 그 소리에 놀라 잠이 깼다. 아침밥을 먹으면서 후배들에게 꿈 이야기를 들려주었다.

"형, 평소에 그렇게 능사 능사 하니까 그런 꿈을 꾸지요. 어쨌든 꿈속에서나마 소원 성취했네요."

후배들이 위로가 담긴 농담을 건넸다.

그날 저녁, 공부를 하다가 지루해서 바람도 쐴 겸 절 마당으로 나섰다. 그때 명희가 다급하게 나를 불렀다. 명희는 부모를 모두 잃고 절에서 일을 도와주며 영동 시내에 있는 중학교에 다니고 있었다.

"아저씨, 아저씨. 저기 뱀 있어요."

"호들갑은. 어디 한두 번 보는 뱀이냐."

시큰둥하게 대답하면서도 명희를 따라갔다. 그 아이가 안내한 곳은 비구니 스님들이 묵는 요사채 근처였다. 평소에는 좀체 접근하지 않는 곳인데다 뱀을 잡으러 가는 길이라 조심스러울 수밖에 없었다. 행여 주지 스님에게 걸리기라도 하면 벼락이 떨어질 게 불 보듯 훤한 일이어서 살금살금 걸음을 옮겼다.

뱀은 요사채의 외곽 배수로에 똬리를 틀고 있었다. 별 기대 없이 뱀을 보던 내 눈이 갑자기 커졌다. 능사였다. 꿈에 보았던 바로 그 능구렁이. 어쩌면 그렇게 꿈과 똑같은 상황인지, 온몸에 전율이 흘렀다.

마음이 급했다. 하지만 워낙 기이한 일이어서 난 멍하니 서 있기만 했다. 옆에 있던 명희가 어디론가 사라지더니 잠시 뒤에 집게 하나를 들고 왔다. 아궁이에 불을 땔 때 쓰는 기다란 집게였다. 나는 그제야 정신을 수습하고 잽싸게 능구렁이의 목을 집게로 잡아들었다. 그 순간, 요사채 근처라는 사실도 잊은 채 나도 모르게 '잡았다!' 하고 크게 소리치고 말았다.

정말 신기한 일이었다. 각목과 집게란 점만 달랐을 뿐 모든 상황이 꿈과 너무 똑같았다. 일종의 현몽이었는지도 모른다.

나는 꿈이나 미신 같은 것을 잘 믿지 않는다. 종교와도 거리가 있어서, 고시 공부를 하며 산사의 신세를 많이 졌음에도 끝내 불교 신자가 되지 못했다. 하지만 절실함이 가진 힘만은 믿고 있다. 적어도 능사를 잡을 수 있었던 게 내 절실한 바람 덕분이라는 믿음만은 지금도 변함 없다.

어쨌거나, 다음 날 아침 나는 능구렁이 술을 담가 소중하게 안고 집으로 돌아갔다. 술병을 들고 들어선 아들을 보며 어머니는 무척이나 흐뭇해 하셨다. 원래 뱀술은 길바닥에 묻어두고 많은 사람이 밟고 다녀야 효력이 좋다지만 차마 길에 묻을 수는 없는 일이라며 어머니는 대문 앞 텃밭에 그 술병을 묻었다.

이후 당신이 능구렁이 술을 드셨는지는 알지 못하지만, 어쨌거나 그 술은 어머니의 신경통을 말끔히 없애주지는 못했다. 안타깝게도 어머니는 신경통으로 내내 고생하시다 결국 협심증으로 저 세상으로 가셨으니까.

하지만 능구렁이 꿈이 헛되지는 않았던 모양이다. 나는 그해의 행정고시에 나름 우수한 성적으로 합격했고, 그로 인해 어머니는 평생 바라고 바랐던 소원을 이루었다. 자식 하나라도 제대로 가르쳐야 한다는 그 소원을 말이다. 비록 신경통이 사라지진 않았지만, 어머니 가슴 속에 쌓였던 자식에 대한 걱정과 근심은 가셨을 것이다. 그것을 위안으로 삼는 수밖에.

그대 머리 위에
광채가

사실 나는 행운에 앞서 몇 번의 불운을 경험했다. 그런데 운이 없었다고 불평하는 대신 시행착오를 되풀이하지 않으려고 노력하자 운이 내 편이 되어주었다. 운이란 최선을 다한 후에 기다리는 천명, 즉 진인사대천명(盡人事待天命)과 같은 것이다.

어떤 의미에서 인생은 공평하다. 시험도 마찬가지다.

사무관으로 일하고 있을 때의 일이다. 어느 날 수습사무관 몇 명과 만날 기회가 있었다. 그중 한 사람이 나를 보더니 반갑게 인사를 했다.

"박 사무관님. 25회 고시 때 한성대에서 시험 보셨죠? 저도 같은 교실에 있었어요. 경제학 시험 볼 때 다른 사람들 얼굴은 다 흙빛인데 박 사무관님 얼굴만 환하고 여유로워 보이더라고요. 마치 얼굴에서 광채가 나는 것 같았어요. 그래서 '저 사람은 틀림없이 되겠구나' 생각했지요."

이야기를 듣고 나서야 나는 어렴풋이 그때 기억을 떠올렸다. 의식하지 못하는 사이 입가에 미소가 맴돌았다.

앞서 나는 23회 2차 시험과 24회 2차 시험에서 고배를 마신 바 있다.

공부가 부족했던 탓도 있겠지만, 불운도 크게 작용한 시험이었다. 그 불운에 대해선 따로 이야기할 기회가 있으리라 믿는다.

어쨌거나, 25회 행시가 내게는 굉장히 절박했다. 두 번에 걸쳐 2차 시험을 망쳤기 때문에 다시 1차부터 도전을 해야 하는데, 전두환 정권이 들어서면서 2차 시험에 국민윤리 과목이 신설되었다. 게다가 선택과목을 노동법에서 정치학으로 바꾼 터라 새로 공부할 내용이 엄청나게 많았다.

원래 노동법은 점수가 잘 나오는 과목이었다. 공부할 양도 다른 과목에 비해 적고 점수도 잘 나와 노동법 덕분에 고시 합격했다고 말하는 사람들이 많았다.

그런데 공교롭게도 내가 시험을 보았던 23회와 24회에선 노동법 점수를 정말 짜게 줬다. 다른 선택과목 평균 점수가 55~60점 수준이라면 노동법은 최고 점수가 50점을 겨우 넘기는 수준이었다. 두 해 연속 과락도 수두룩하게 속출했다. 나는 45.33으로 과락은 겨우 면했다.

아마도 노동법 점수가 너무 후하다는 얘기가 돌면서 의도적으로 점수를 박하게 주었던 것 같다. 정확한 이유는 확인된 바 없지만 23회, 24회에 노동법을 선택했던 사람 중 합격한 사람은 손에 꼽을 정도로 적었다.

하필이면 노동법 점수를 짜게 줄 때 시험을 본 것도 내 불운이었을 것이다. 두 번씩이나 낙방하는 데 기여해준 노동법을 또 선택하고 싶지 않았다. 두 해 연속 점수를 짜게 주었으니 25회에는 잘 줄 수도 있지만 불확실한 운에 기대고 싶지 않아 과목을 정치학으로 바꾸었다. 위험한 모험을 감행했던 셈이다.

국민윤리는 스터디그룹을 만들어 공부했다. 처음 신설한 과목이라 정확한 교과서도 없고 어떤 문제가 나올지도 모르는 상황이었다. 다만 일반적인 윤리와 공산주의 비판에 관해 나온다는 정도만 예고된 상태였다. 국민윤리 철학과 노동가치설, 유물론, 변증법 등 공산주의 이론을 각자 한 파트씩 맡아 심층적으로 공부했다.

우선 공부한 내용을 노트로 요약 정리한 다음 복사해서 나눠주었다. 그것을 토대로 발표하고 궁금한 것을 묻고 토론하는 방식으로 공부했다. 이 방법은 꽤 효과적이어서 짧은 시간에 비교적 충실하게 공부할 수 있었다.

1차 시험은 다행히 무난하게 통과했다. 하지만 2차 시험이 임박하자 긴장 때문에 잠도 오지 않았다. 신설된 국민윤리와 새로 선택한 정치학만으로도 벅찬데 회계학 가운데 기업회계 부분이 많이 바뀌어 새로 공부하다시피 했다. 책상에 앉으면 피곤하고, 누우면 눈이 말똥말똥해져 거의 잠을 자지 못했다.

2차 시험을 보러 갔다. 간절한 마음으로 마지막 일분일초까지 전력을 다했다. 혹시라도 감독관이 책을 일찍 갖다 놓으라고 할까 봐 책이나 논문을 한 권씩 빼내 화장실에 가서 읽었다.

이번에는 행운의 여신이 내 손을 들어주었다. 신기하게도 시험 직전 화장실에서 본 내용이 과목마다 꼭 나왔다. 그중에서도 경제학이 압권이었다. 경제학은 크게 미시경제, 거시경제, 국제경제 세 분야로 구분되는데, 국제경제학은 경제일반이론과 차이가 있어 행시에 잘 나오지 않았다. 14회까지 국제경제 부분이 나오고 그 이후 한 번도 출제된 적이 없었다. 그래서 대부분 국제경제 부분은 건너뛰고 공부하는 분위기였고, 나도 보다 말다 했다.

그런데 시험 직전에 혹시나 싶은 마음으로 국제경제학 관련 대표 논문 몇 개를 뽑아 화장실에서 읽었다. 쉬는 시간에 모든 내용을 완벽하게 파악하기는 불가능했지만 제목과 개념을 빠르게 훑으며 예전에 공부해두었던 내용을 환기했다.

시험문제 두루마리가 펼쳐지는 순간 나는 속으로 쾌재를 불렀다. 시험 직전 화장실에서 읽었던 국제경제학 변동환율 문제가 나온 것이다. 그것도 50점짜리 문제였다. 여기저기서 탄식하는 소리가 쏟아져 나왔다. 대부분 얼굴이 흙빛으로 변했다. 전혀 예상하지 못했던 문제가 나왔으니 당연한 반응이었다. 50점짜리를 버리고 합격한다는 것은 사실상 불가능했다.

주위의 탄식에 아랑곳없이 나는 자신 있게 답안을 써 내려갔다. 운이 완전히 내 편으로 기울었다고 생각해서인지 떨리지도 않았다. 직전에 봤던 내용뿐만 아니라 최근 경제학을 접하며 공부하고 그 후 미처 살피지 못했던 내용까지 다 기억이 났다. 결국 그렇게 25회 행정고시에 우수한 성적으로 합격했고, 그것은 내 인생의 전환점이 되었다.

"그때 정말 내 얼굴이 환하게 빛났습니까?"

빙그레 웃으며 묻자 수습사무관이 고개를 끄덕였다.

"그렇다니까요. 마치 사무관님 머리 위에만 광채가 쏟아지고 있는 것 같았어요."

"내가 햇빛 잘 드는 창가에 앉았었던 모양이지요."

"예?"

"농담입니다. 그리고 행시에 통과한 것 축하합니다. 아무래도 이번엔 그쪽이 햇빛 잘 드는 곳에 앉았었나 봅니다."

나는 유쾌하게 웃으며 악수를 청했다. 수습사무관은 멍한 표정으로 나를 보다가 뒤늦게 손을 내밀었다.

사실 나는 행운에 앞서 몇 번의 불운을 경험했다. 그런데 운이 없었다고 불평하는 대신 시행착오를 되풀이하지 않으려고 노력하자 운이 내 편이 되어주었다. 운이란 최선을 다한 후에 기다리는 천명, 즉 진인사대천명(盡人事待天命)과 같은 것이다.

넷,
나는 공무원이 아니었다

사스(SARS)의
성공적 퇴치

그만큼 고건 총리는 우리가 철저하게 사스를 막아낸 것에 대해 자부심을 갖고 있다. 나 역시 마찬가지이다. 고건 전 총리의 감각과 행정 동원력에 나의 추진력까지, 세 가지가 맞물리며 시너지 효과를 거두었기에 가능했던 일이라고 본다.

2003년 3월 하순이었다. 노무현 대통령 집권 초기, 고건 국무총리와 한덕수 국무조정실장을 모시고 국무조정실 복지노동심의관으로 재직 중일 때의 일이다. 사스(SARS, severe acute respiratory syndrome)라는 유행성 질환이 갑자기 창궐해 전 세계적으로 감염자와 사망자가 속출하기 시작했다.

사스는 우리말로는 '중증 급성 호흡기 증후군'이다. 보름 정도의 잠복기가 지나면 고열과 기침, 호흡곤란 등 독감과 비슷한 증상이 나타난다. 사스-코로나 바이러스(SARS coronavirus, SARS-CoV)가 호흡기를 침범해 발생하는 질병이지만 당시만 해도 병의 원인이 알려지지 않은, 아주 생소하고 두려운 질환이었다. 당연히 치료법도 알 수 없었다.

중국 광저우 지방에서 발생한 사스는 맹렬한 기세로 아시아·유럽·북아메리카 등으로 퍼져나갔다. 확산 속도도 빨랐고 파괴력도 엄청났다. 홍콩에서는 한 아파트에서 73명이 사망했고, 청결한 국가로 유명한 싱가포르에서도 사망자가 몇십 명이 발생했다.

해외 사례에 관해 보도가 이루어지고는 있었으나 아직 국내에서는 환자가 발생하기 전이라 크게 다뤄지지 않고 있었다.

이럴 때 필요한 것이 오랜 행정경험에서 비롯되는 '감각'이다. 고건 총리는 조만간 국내에서도 환자가 발생할 수 있다는 것을 직감하고 대책 수립에 나서도록 지시했다. 원인도 모르고 치료법도 모르니 일단은 감염을 차단하는 수밖에 없었다. 치밀한 대책과 강력한 추진력을 필요로 했다.

어느덧 4월이 되었다. 총리실이 주관하는 대책회의가 수차례 열렸고, 각 부처에서 추진 예정인 대책들이 총리에게 보고되었다. 총리는 만족하지 못했다. 고건 총리는 범정부적 차원에서 보다 신속하고 강력하게 대처할 것을 주문하며 관계장관대책회의 개최를 지시했다.

총리는 내게 상황실을 총리실에 설치하라는 지시를 내렸다. 나는 곧 실행에 나섰다. 다른 용도로 쓰이고 있던 상황실을 사스 상황실로 개편하기 시작했다. 상황실은 사스의 국내 유입을 저지하기 위한 컨트롤타워가 될 곳이었다. 사스의 무서운 전파력을 감안할 때 상황실 가동을 1분, 1초라도 앞당겨야 했다.

주말이었지만 한가하게 쉴 때가 아니었다. 우선 상황실에서 근무할 각 부처 직원들을 긴급 차출했다. 이리저리 뛰어다니며 상황판도 직접 구했다. 고건 총리가 비서를 시키지 않고 직접 전화를 걸어 잘 되고 있느냐고 물어왔다. 그만큼 상황이 긴급하다는 의미이고 총리의 의지가 확고하다는 뜻이었다. 상황실 설치를 마무리하고 보니 어느새 일요일 오후였다. 보통 4~5일 걸리는 일을 주말 이틀 동안에 해버린 것이다.

그 다음 날인 월요일에 다시 총리 주재로 관계장관대책회의가 열렸고, 정부의 부처합동 대처 방침이 발표되었다. 정부 발표가 나고 나서 곧이어 우리나라에서도 의사(擬似) 사스 환자가 발생했다는 언론 보도가 나왔다. 참으로 절묘한 타이밍이었다.

환자 발생 후에 상황실을 설치하느라 부산을 떨면 정부가 늑장 대처를 한 것이 되지만, 다행히 상황실이 마련된 후였다. 정부가 사태의 심각성을 미리 파악하고 잘 대처하고 있으니 국민들이 크게 불안해하지 않았고 언론도 조바심을 내지 않았다.

정부의 대책은 일사분란하게 추진되었다. 총리실 상황실을 정점으로 복지부 등 각급 관련기관에 상황실이 설치되었다. 총리실 상황실은 각 부처 파견관으로 짜여져 24시간 운영되었다. 매일 상황을 정리하여 오전 9시, 오후 5시 두 차례 총리에게 보고하고 청와대 등에 전파하였다.

사스 병원균이 호흡기로 전파되는 것이 확실한 이상, 병의 확산을 저지하기 위해 출입국자들을 통제하는 것이 시급했다. 환자뿐 아니라 환자 옆에 탔던 사람들도 호흡기를 타고 전염되기 때문이다. 곧 총리를 모시고 인천공항에 가서 현장을 확인했다.

사스 환자는 고열이 나는 게 특징이므로 공항 직원들이 체온기로 입국자들의 체온을 측정하고 있었다. 하지만 공항 자체 인력만으로 감당하기에는 역부족이었다. 바로 관계기관대책회의를 통해 국방부에 인력 지원을 요청했다. 곧 군의관과 간호장교들이 파견되었다.

그러던 차에 의사(擬似) 사스 환자가 추가로 발생했다는 보고가 들어왔다. 중국 동포인데 체온 측정에서 걸려 격리되었다. 문제는 기내에서 주위에 앉았던 사람들이었다. 사스는 말할 때 바이러스가 침 방울에 섞여 공중으로 나오고, 그 공기를 호흡한 사람에게 전염되는 것이므로 그 주변 사람들도 함께 감염될 가능성이 컸다.

그러나 그 사람 주변에 앉았던 사람들은 이미 흩어져 입국이 끝난 뒤였고 입국신고서의 주소로는 전혀 연락이 닿지 않았다. 불법체류를 목적으로 입국한 탓에 이미 잠적한 후였다.

이미 자취를 감춘 그들을 어떻게 찾아낼 것인가 고민하며 공항 이곳 저곳을 순시하던 중이었다. 갑자기 눈에 번쩍 띄는 게 있었다. 열(熱)감지 카메라가 비행기에서 내려 입국장으로 걸어오는 사람들을 비추고 있었다. 체열이 높은 사람들은 붉게, 낮은 사람은 초록으로 보이는 것이었다.

보는 순간, '이거다!' 싶었다. 비행기가 착륙하면 일단 이 열감지 카메라를 들고 비행기 안에 들어가 승객들이 앉아 있는 상태에서 스캔하여 체열이 높은 사람만 골라내면 되는 것이다. 게다가 그 주변 사람들까지 그 자리에서 확인하여 바로 격리시킬 수 있으니 일석이조였다.

문제는 인천공항에 열감지 카메라가 한 대뿐이라는 사실이었다. 여러 대의 비행기가 동시에 착륙하는 것을 감안해 당장 열 대를 구입하라고 인천검역소에 지시했다. 검역소 과장은 한 대 가격이 3,000만 원에 달하는 고가품이라 예산 부족으로 추가 구입이 어렵다고 대답했다.

답답한 노릇이었다. 카메라 열 대면 3억 원이다. 전염병 창궐로 사람 목숨이 왔다 갔다 하는 일인데 예산 3억 원에 발목이 잡힌다면 말도 안 되는 일이었다.

"지금 돈이 문제가 아닙니다. 내 집을 팔아서라도 줄 테니까 무조건 긴급 발주하세요."

급하게 지시하고 오는 길에 차 안에서 보건복지부 담당국장에게 전화를 걸었다. 예비비로 책정된 예산을 활용해 열감지 카메라 열 대를 빨리 구입하라고 지시했다. 지시를 해놓고도 마음이 놓이지 않았다. 실무자들이 기안을 올리고 결재를 받으려면 또 적잖은 시간이 소요될 것이 뻔했다. 다시 보건복지부 차관에게 전화해 발주를 서두르도록 했다. 그렇게 해서 긴급 발주가 이루어졌다.

이렇게 열감지 카메라 열 대는 확보했으나 그 카메라로 비행기 탑승객들을 스캔하기 위해서는 밟아야 할 절차가 있었다. 항공사들의 협조가 없으면 불가능한 일이었기 때문이다. 당장 항공청을 통해 국내외 항공사에 협조를 요청토록 했다. 국내 항공사들은 전부 협조를 약속했으나 외국 항공사들은 시간 지체를 이유로 협조를 거부했다. 이런 경우, 외국 항공기에 국내법을 적용시킬 수 있느냐가 관건이 된다.

당시 상황실에는 각 부처 실무자들이 파견 나와 있었다. 외교부 과장에게 물어보니 외국 항공기에는 외국법이 적용된다면서 강제할 방법이 없다고 했다. 납득이 가지 않았다. 항구에서는 외국 선박이 접안하는 경우 당사국의 법을 적용받으니 항공기도 마찬가지일 것이라 생각되어 다시 확인해보라고 지시했다.

마침 국토부 소속의 항공사무관이 조종사 출신이었다. 불러서 확인해보니 내 추측이 맞았다. 그래서 외국 항공사들에게 협조하지 않으면 착륙을 허가하지 않겠다고 통보할 것을 지시했다. 우리의 강경 조치에 외국 항공사들도 어쩔 수 없이 협조하기로 했다. 열 대의 카메라 중 일곱 대는 비행기 안에서, 나머지 세 대는 각각 인천공항 입국장과 부산항, 인천항에서 톡톡히 역할을 해냈다.

사실 국제 분쟁으로 비화될 수도 있는 건이었는데 국장인 내가 강력하게 밀어붙였기에 이루어진 것이다. 워낙 긴박한 상황이라 사전 승인 없이 사후 보고만으로 처리되었다.

사스 의심 환자들을 국내 입국 단계에서 거르는 방법 외에 그들의 출국 자체를 봉쇄하는 방법도 병행했다. 우리나라와 교류가 활발한 아시아 국가들과 협조체제를 구축해 한국으로 출국하는 사람들의 체온을 측정하여 고열이 있으면 비행기 탑승을 못하게 했다. 한국 입국 자체를 원천 봉쇄한 것이다.

특히 중국과는 서로 탑승객들에게 체온 검사를 실시하기로 하고, 우리 검역소 직원들을 중국에 보내 현지 탑승객들의 체온 검사가 제대로 이루어지고 있는지 확인했다. 만약 검사가 제대로 이루어지지 않으면 우리 직원들이 직접 검사를 실시했다.

또한, 한국에 입국한 사람들 중에 잠복기라 통과된 경우가 있을 수 있으므로 실제로 거주하는 주소를 확보하여 입국 후 잠복기가 지날 때까지 각 지자체가 정기적으로 추적 관리토록 하였다. 한편으로는 환자가 대량 발생할 것에 대비하여 서울시립동부병원을 격리 병동으로 지정해놓았다.

당시 고건 총리께서는 수시로 상황실을 방문하여 독려하고 격려금을 여러 번 주셨다. 이렇게 철저하게 막고, 거르고, 격리시킨 덕분에 결국 우리나라에는 사스가 들어오지 못했다. 특히 외국과 협조해 사스 의심 환자들의 한국 입국을 저지한 것이 주효했다고 본다. 나중에 진성 환자 한 명이 확인되긴 했으나, 출발지는 필리핀이고 한국을 경유해 미국으로 가는 사람이었다. 인천공항에는 그때 혁혁한 공을 세운 열감지 카메라가 지금도 부착되어 있다.

전 세계를 통틀어 이렇게 사스를 확실하게 막은 사례는 드물다. 외국에서는 한국인이 김치를 먹기 때문에 사스에 안 걸렸다는 식으로 해석하기도 했지만, 그만큼 우리 역량을 총동원한 결과였다고 본다. 선진국들의 경우도 대책이라고 해봤자 입국자에 대해 체열 검사를 실시한 게 고작이었고, 보균자들을 철저하게 걸러내지 못했다.

사스는 2003년 7월 초 일단락되었다. 그때까지 세계 32개국에서 8,096명의 감염자가 발생하고 774명이 사망하였다. 그해 7월, 불광동 국립보건원에서 당시 노무현 대통령이 참석한 가운데 사스의 성공적 퇴치에 관한 경과 보고와 공로자들에 대한 시상이 있었다.

얼마 전 고건 전 국무총리가 회고록 《국정은 소통이더라》를 발간했다. 그 회고록에 당시 사스 퇴치에 관한 내용이 실려 있다.

이날 국무조정실 차원의 상황실을 만들라는 지시도 했다. 박철곤 복지노동심의관에게 실무책임자 역할을 맡겼다. 여러 부처나 이해 당사자가 복잡하게 얽힌 일을 잘 풀어내는 사람이었다.

그만큼 고건 총리는 우리가 철저하게 사스를 막아낸 것에 대해 자부심을 갖고 있다. 나 역시 마찬가지다. 고건 전 총리의 감각과 행정 동원력을 나의 추진력으로 뒷받침하면서 시너지 효과를 거두었기에 가능했던 일이라고 본다.

이와 비슷한 일은 2008년에도 있었다. 전북 김제 용진면에서 조류독감이 발생해 빠른 속도로 퍼져가고 있었다. 당시 차관이던 나는 관계부처 TFT를 구성해 40일 만에 완전 차단에 성공했다.

고건 전 총리는 나중에 구제역이 창궐했을 때도 "박철곤이 있었으면 구제역이 저렇게 안 퍼졌을 텐데……"라며 아쉬워했다고 들었다. 뿐만 아니라 내가 없는 자리에서도 여러 번 나를 칭찬하셨다고 하니, 고건 전 총리의 믿음과 신뢰에 감사드리는 바다.

남산 등산은 어때?

고정관념의 틀을 깨고 창조적인 생각을 해야 한다. 처음에는 엄두가 나지 않겠지만 발상의 전환은 생각보다 쉽다. 사고의 영역을 조금만 넓히면 된다.

공무원들의 안일한 태도를 비꼴 때 사람들은 '철밥통'이라는 표현을 쓴다. 하루하루 스트레스에 시달리는 공무원들 입장에선 참 억울한 얘기지만 반성해야 할 부분이 있는 것도 사실이다.

흔히 '사람다운 사람'이라는 말은 여러 가지 여운을 준다. 그 사람의 인격과 품위, 따스함을 엿보게 하는 말이기에 그렇다. 확실히 '~답다'라는 말에는 신뢰의 의미가 내포되어 있다. 하지만 간혹 '~답다'라는 말이 부정적인 느낌을 주는 경우가 생긴다.

가령 '도둑놈답다'거나, '팔푼이답다'처럼 앞에 붙은 말이 부정적인 인상을 줄 때 그렇다. 그런데 어쩌다 보니 사람들은 '공무원답다'라는 표현을 부정적으로 인식하기 시작했다. 아마도 우리나라 공무원 사회가

안고 있는 구태가 만들어낸 현상이 아닐까 싶다.

공직 시절, 나는 '공무원답지 않은 공무원'이라는 말을 꽤 많이 들어야 했다. 처음엔 묘한 느낌이었지만 그것이 내 사고의 유연성을 칭찬하는 표현임을 알고 나서부터는 은근히 즐기게 되었다.

남들과 다른 나만의 무엇을 얻고 싶다면 우선 굳어진 뇌를 유연하게 만들어야 한다. 사람들은 나이를 먹을수록 고정관념을 갖는다. 어찌 보면 고정관념은 오랜 경험을 통해 검증된 가장 안전한 사고방식일 수 있다.

새로운 시도는 언제나 위험이 따른다. 그래서 위험부담을 감수하며 새로운 시도를 하느니 차라리 예전부터 해오던 안전한 방식을 따르는 게 현명하다고 생각하는 사람들이 많다. 그것이 곧 관행의 부작용이다.

공무원으로서 어떻게 행동할 것인가. 그 선택은 본인 몫이다. 하지만 고정관념을 따르며 안전하게 사는 쪽을 택한다면 결코 성공할 수 없다. 남들과 똑같이 생각하고 행동하면서 남들보다 성공하기를 바라는 것은 지나친 욕심이다.

고정관념의 틀을 깨고 창조적인 생각을 해야 한다. 처음에는 엄두가 나지 않겠지만 발상의 전환은 생각보다 쉽다. 사고 영역을 조금만 넓히면 된다. 내가 경험한 세 번의 체육행사를 예로 들어보자.

국장 시절 미국 조지타운 대학에서 공부를 하고 돌아와 반부패특위 기획운영심의관으로 있을 때의 일이다. 부임한 지 얼마 되지 않은 어느 날, 서무직원이 봄철 체육행사를 하라는 공문을 들고 왔다. 국민건강증진을 위해 봄·가을 체육행사를 하도록 국민체육진흥법으로 정해놓고 있기에 하나의 업무나 다름없었다. 그렇다고 해도 연례행사에 불과해서, 이제껏 해왔던 체육대회를 그대로 답습하면 그만이었다.

하지만 나는 어떤 일이든 늘 하던 방식 그대로 따라하는 것을 좋아하지 않는다. 체육행사라고 예외일 수는 없었다. 서무직원에게 이왕 하는 것 재미있는 체육행사를 기획해보라고 지시했다. 그러면서 두 가지 지침을 내렸다. 지침은 간단했다. 할 때 재미있고, 하고 나서 두고두고 추억으로 간직할 수 있는 행사를 만들라는 것이었다.

서무직원은 깊은 고민에 빠졌다. 그동안의 체육행사는 서울 근교 산에 올라갔다가 내려와 식사를 하는 것이 전부였다. 늘 그래 왔으니 고민할 이유가 없었다. 그런데 새로운 지침이 내려진 것이다.

사실 공무원들은 일정한 틀에서 벗어나지 않으려는 경향이 있다. 그런 이들에게 늘 하던 방식과 다른 새로운 기획을 만들어보라고 하니 당황할 수밖에 없었을 것이다. 며칠이 지나도 보고서는 올라오지 않았다.

그 주 토요일, 우연히 직원들과 점심을 같이 하다가 체육행사 이야기가 나왔다. 넌지시 행사에 관련한 이야기를 꺼냈다. 그들이 원하는 것, 그들이 생각하는 것을 알고 싶었던 것이다.

"이번엔 청계산이 좋겠는데요."

"북한산도 나쁘지 않습니다."

기대했던 것과 달리 직원들은 자기가 가고 싶은 산을 말하느라 정신이 없었다. 30여 명의 직원들 모두 '체육행사=등산'이라는 고정관념이 머리 깊숙이 박혀 있는 듯했다.

"남산은 어때?"

웃으면서 말하니 직원들이 입을 모아 '에이, 남산은 너무하죠'라며 시큰둥한 반응을 보였다. 그것 역시 고정관념이다. 체육행사라면 적어도 청계산이나 북한산 정도는 가야지 남산은 좀 시시하지 않느냐는 반응이었다.

나는 진지한 표정으로 남산을 언제 가 보았는지 직원들에게 물었다. 그랬더니 선뜻 대답하는 직원이 없었다. 언제 가 봤는지 기억이 가물가물하다고 한다. 그래서 다시 청계산에는 언제 가 보았는지 물었다. 이번에는 대답이 빨리 나왔다. 지난달에 가 봤다는 직원도 있고, 바로 지난주에 갔다 왔다는 직원도 있었다.

"내가 꼭 남산을 가자는 얘기가 아니야. 자네들이 내놓은 안은 남산을 가자는 안보다 못한 안이라는 거지. 봐. 북한산이나 청계산은 자주 가잖아. 그런데 일 년에 한두 번 하는 행사를 평소에도 자주 가는 산에서 해야 할 필요가 있을까? 이왕이면 좀 색다른 데 가면 좋지 않을까? 산을 가더라도 평소에 안 가본 산을 가고, 갔다 와서도 두고두고 추억이 될 수 있는 그런 체육행사를 해보자는 거야."

그렇게까지 이야기했는데도 보고서는 쉬 올라오지 않았다. 할 수 없이 서무직원을 부르니 아무리 생각해도 어떻게 해야 할지 생각이 나지 않는다며 울상을 지었다. 직원 입장에선 꽤나 스트레스가 쌓이는 모양이었다. 하긴 고정된 틀을 따르는 데 익숙해진 직원에겐 새로운 아이디어를 내는 게 형벌처럼 느껴질 수도 있다.

"등산 말고도 생각해보면 재미있는 게 많이 있잖아."

나는 말을 꺼낸 김에 부연 설명까지 해주었다. 예를 들어 마니산을 간다고 해도 얼마든지 다른 방식으로 재미있게 갔다 올 수가 있다. 보통은 버스 타고 마니산에 가서 힘들게 계단을 올라갔다 내려와서 밥 먹고 돌아온다. 그게 무슨 의미가 있겠는가.

이왕 마니산을 택했다면, 참성단에 올라가 사진 한 방 찍고 그냥 내려오지 말고 마니산 능선을 따라 정수사 쪽으로 내려올 수도 있다. 정수사와 초지진이 그리 멀지 않으니 내친 김에 초지진에 가서 회와 소주 좀 먹고, 노래방에서 신나게 노래 부르고, 돌아오는 길에 강화읍 입구에 있는 고려궁지도 볼 수 있다. 몽고에 쫓겨 60년 동안이나 수도 역할을 했던 곳이니 그곳에서 역사를 느껴보는 것도 좋지 않겠는가.

하루 종일 땀을 흘렸으니 저녁에는 온천탕에서 피로도 풀고 저녁 먹고 헤어지면 좀 색다른 행사로 기억될 것이다. 나는 그렇게 평소 여행을 다니며 얻은 지식을 총동원해 아이디어를 냈다.

그로부터 며칠 뒤 보고서가 올라왔다. 내가 낸 아이디어를 하나도 빠짐없이 반영한 보고서였다. 직원 스스로 새로운 기획을 하지 못한 게 아쉽기는 했지만 오랫동안 굳은 고정관념을 하루아침에 깨기는 어려운 일이므로 그대로 하기로 했다.

새로운 방식으로 진행한 체육행사의 반응은 뜨거웠다. 계획한 대로 마니산을 올랐다 내려와 초지진에서 신선한 회를 원 없이 먹었다. 횟집 2층에 노래방 기계가 있어 노래도 신나게 불렀다. 계획한 모든 코스를 밟고 김포에 도착, 다양한 탕이 구비된 사우나에서 하루의 피로를 푼 다음 북엇국으로 저녁식사를 하고 헤어졌다. 다음 날 직원들은 이렇게 신나고 재미있는 체육행사는 처음이라며 하루 종일 체육행사 이야기만 했다.

조금만 생각을 바꿔도 결과는 이렇게 달라진다. 기존의 방식대로 체육행사를 했다면 별 감흥도 없이 기계적으로 산에 올라갔다가 내려오는 것으로 그쳤을 것이다. 그런데 생각을 바꿔 다른 방식으로 체육행사를 한 결과, 직원들이 공유할 수 있는 좋은 추억으로 남았다. 멋진 하루를 함께한 직원들의 결속력이 강해졌음은 두말할 것도 없다.

가을 체육행사도 공전의 대 히트를 기록했다. 마니산 체육행사를 함께했던 그 팀 그대로 바다낚시를 갔다. 바다낚시는 마니산과는 또 다른 경험이었다. 충남 천수만에서 낚싯배 두어 척을 빌려 바다낚시를 했는데, 워낙 고기가 잘 잡히는 곳이라 처음 낚시를 하는 직원들도 금방 낚시 재미에 빠져버렸다.

주꾸미, 광어 등 물고기를 낚으면 바로 회를 떠서 초고추장에 찍어 먹었다. 물론 회에 소주가 빠질 수 없다. 평소보다 엄청난 양의 소주를 마셨는데도 바닷바람이 시원해서인지 아무도 취하지 않았다.

바다낚시를 끝낸 후에는 미리 예약해둔 굴밥집에서 식사를 했다. 굴밥, 굴탕, 굴전, 굴구이, 굴생채 등 굴로 할 수 있는 모든 요리를 마음껏 먹고 노래방에서 서로 앞을 다투며 노래도 불렀다.

오는 길에 수덕사에 들렀다가 덕산온천에서 온천욕을 하고 돌아왔다. 우리가 낚은 우럭 몇 마리씩과 광천 새우젓 한 통씩을 직원들 손에 들려 집에 보냈다. 마니산 체육행사보다 반응이 더 뜨거워 다른 부서에까지 소문이 났고, 우리가 했던 것과 똑같이 체육행사를 치르는 부서가 속출했다.

어두우면 불 켜고
하면 되지

물구나무를 서서 세상을 보자. 물구나무가 어렵다면 두 다리를 벌리고 서서 고개를 숙여 다리 사이로 세상을 보아도 좋다. 거꾸로 보는 것만으로도 얼마나 세상이 달라지는지 경험할 수 있을 것이다.

몇 년 후 규제개혁조정관으로 근무할 때도 체육행사와 관련한 재미있는 일화가 있다. 언제나 그렇듯이 재미있고 기억에 남는 색다른 체육행사를 주문했다. 하지만 사흘이 지나 나타난 담당자는 좋은 아이디어가 떠오르지 않는다며 고충을 호소했다.

"그게…… 공무원들의 체육행사라는 게 다들 비슷한 거라서……"

나는 애매하게 말끝을 흐리는 그를 담담한 눈으로 바라보았다.

제법 긴 시간을 주었음에도 그는 여전히 체육행사에 관한 계획서를 제대로 작성하지 못한 상태였다. 고정관념과 타성에 젖은 전형적인 공무원이었다. 마음 같아선 호통이라도 치고 싶었으나, 그에겐 그 나름의 어려움이 있을 것이라는 생각이 들었다. 실제로 적지 않은 공무원들이 고리타분함과 경직된 자세를 마치 공직자의 덕목쯤으로 생각하고 있다.

"뭐, 어쩔 수 없네. 상금을 걸기로 하지."

"상금이요?"

그 또한 파격이라고 느꼈던지 그가 두 눈을 동그랗게 떴다.

"한 사람 머리로 안 되면 여러 사람 머리를 모아야지."

"그야 그렇지만……."

"그렇다고 거창한 건 아냐. 획기적인 아이디어를 내는 직원에게 딱 10만 원만 상금으로 주자고. 아예 내부 업무망에 띄워."

나는 대수롭지 않다는 듯 말한 뒤 서류에 시선을 주었다. 반부패특위에 있을 때 마니산과 바다낚시는 다 내 머리에서 나온 것이었지만 이번에는 직원들 선에서 아이디어가 나오길 바랐다. 체육행사를 재미있게 하는 것보다 직원들이 고정관념에서 벗어나 새로운 기획을 하는 능력을 키우는 것이 더 중요했기 때문이다.

하지만 며칠 뒤 올라온 보고서는 여전히 실망스러웠다. 기껏 나온 안이 북한산에 올라갔다 내려와 족구를 하자는 수준이었다. 내부에서 공모한 아이디어 중 참신한 것이 없었느냐고 묻자 담당자는 답답한 표정을 지었다.

"정말 뾰족한 게 없습니다. 말도 안 되는 것만 있고 쓸 만한 게 없어요."

"말도 안 되는 거라니, 그게 뭐야?"

"남이섬에서 래프팅하고 서바이벌 게임 하는 거예요."

"그래? 바로 그거야. 거 참신하고 좋네."

"아휴, 공무원이 어떻게 그런 걸 해요."

사실 공무원이 신나게 놀면 국민들의 눈초리가 따갑기는 하다. 그래서 담당 직원이 공무원은 래프팅과 서바이벌 게임을 하면 안 된다는 고정관념을 갖게 되었을 것이다. 고정관념에 사로잡힌 탓에 다른 직원이 낸 좋은 아이디어의 진가를 보지 못하고 사장시킬 뻔했다. 고정관념은 그렇게 무서운 것이다.

"공무원이라고 서바이벌 게임 못 하란 법 있어? 이번 체육행사는 서바이벌 게임으로 하지."

체육행사가 있던 날 공교롭게도 비가 왔다. 나는 총리가 갑작스레 회의를 소집하는 바람에 뒤늦게 출발했는데, 남이섬에 도착해보니 온몸에 진흙을 뒤집어쓴 사람들이 여럿 모여 서 있었다. 왜 그러고 있느냐고 묻자 자기들은 전사자라고 한다. 그 모양으로 서 있으면서도 모두 재미있어 죽겠다는 표정들이었다.

서바이벌 게임의 결과도 예상 밖이었다. 아무래도 군대 경험이 있는 남자들에게 유리한 게임이라 생각했는데 전사자들 대부분은 남자였다. 남자들은 군대에 갔다 왔다는 자만에 빠져 낮은 포복, 높은 포복으로 왔다 갔다 하다가 총을 맞는데, 여자들은 덤불 밑에 조용히 숨어 있다가 결정적인 순간을 놓치지 않고 총을 쏘았다. 결국 여자들이 압도적으로 많이 살아남았고, 최후의 승자도 여자 직원이 차지했다.

"이거 아쉽구먼. 내가 좀 더 일찍 왔으면 결과가 달라졌을 텐데."
"에이, 남자들 처음엔 다 그렇게 자신만만했다고요."
최후까지 살아남은 여직원이 의기양양하게 말했다.

하긴, 내가 참가했다고 해도 결과가 달라질 것 같진 않았다. 내심 늦게 도착하길 다행이라는 생각도 들었다. 하지만 명색이 대한민국 육군 병장 전역자인 내가 기 죽을 수는 없는 일이었다.

"내 군대 보직이 계산병이었어. 포를 쏠 때 정확히 목표물에 명중할 수 있도록 하는 일이었다고. 그뿐인가, 포가 터지는 시간까지 정밀하게 계산해서 적의 진지를 초토화시키도록 훈련받았다니까."

물론 반쯤은 진담이고 반쯤은 허풍이었다. 사실상 계산병의 보직은 비상시에만 적용되었고, 내가 실제로 군대에서 한 일은 예비군 전투전력화였다. 총이나 포를 다루기보다는 공문 작성에 능했던 셈이다.

서바이벌 게임으로 분위기를 최고조로 만든 우리는 곧장 번지점프를 하러 갔다. 하지만 바람이 너무 센 날이라 포기해야 했다. 일부는 안도하고 일부는 아쉬워했는데, 전자는 남성이 많았고 후자는 여성이 많았다. 평소 사무실에서와 달리 여직원들이 더 적극적이며 도전적이었고, 잘 놀았다.

결국 그날의 체육대회도 두고두고 회자되었다. 직원들 사이의 유대관계가 깊어진 것은 물론이거니와, 평소 여직원들 앞에서 허세를 부리던 남직원들은 한동안 주눅이 들어 지내야 했다. 그런 소소한 재미 역시 그해의 체육대회가 남긴 성과다.

서바이벌 게임으로 체육행사를 마친 후 체육행사 지침이 바뀌었다. 주5일 근무제로 바뀌면서 주말을 이용하거나 주중의 일과 후에 체육행사를 하라는 내용이었다. 주말에 하면 여유 있게 체육행사를 즐길 수 있지만 개인생활을 중요시하는 젊은 직원들이 좋아할 리 없다. 그렇다면 주중에 해야 하는데, 근무를 다 마친 저녁 시간에 할 만한 것이 별로 없었다.

담당 직원이 고민을 거듭해 안을 만들어 왔다.

첫째 볼링 치고 식사하기, 둘째 함께 식사하고 연극 관람하기, 셋째 밥 먹고 팀 나눠 포켓볼 치기. 그렇게 세 가지 안이었다. 고심한 흔적은 보였지만 너무 평범했다. 자칫 잘못하면 지극히 형식적인 행사로 끝날 것 같았다.

"이거밖에 할 게 없을까?"

"네, 아무리 생각해도 일과 후에 할 만한 것이 별로 없습니다."

"왜?"

"근무가 끝나면 금방 어두워져서 할 수 있는 것이 없습니다."

"그래? 어두워서 못한다는 말이지?"

"예."

직원이 신이 나서 자신만만하게 대답했다.

"그래? 어두워서 못하면 불 켜고 하지."

"예?"

생각지도 못한 나의 말에 직원은 거의 비명에 가까운 대답을 내질렀다.

생각하기 나름이다. '밤은 어둡다'는 고정관념 하나만 버리면 상황은 180도 달라진다. 실제로 밤에도 불야성처럼 환한 곳이 얼마나 많은가. 하다못해 한강 둔치만 가도 환하다. 실내체육관도 많다. 어두운 게 문제가 아니라 '밤은 어둡다'는 고정관념이 문제인 것이다.

고정관념을 깬 뒤에는 일사천리로 행사 준비가 끝났다. 청사 가까운 곳에 위치한 고등학교의 대강당을 빌렸다. 레크리에이션 지도사를 한 명 불러 명랑운동회를 했다. 꼭짓점 댄스를 시작으로, 저녁 여섯시부터 아홉시까지 땀을 흠뻑 흘리며 실컷 놀았다. 두 팀으로 나누고 경쟁을 붙이니 승부욕이 발동해 치열하게 게임을 했다.

그렇게 한바탕 명랑운동회를 한 후 찜질방에서 개운하게 피로를 풀고, 다함께 식당에 가서 소주를 곁들여 식사를 했다. 간혹 그때 함께했던 직원들을 만나곤 하는데, 그들은 아직도 그날의 명랑운동회를 즐겁게 추억하며 이야기한다.

어떤 것이든 뒤집어놓고 보면 다르게 보인다. '한밤의 명랑운동회'처럼 새롭고 창조적인 아이디어를 내려면 거꾸로 보는 연습을 해야 한다.

지도를 바로 보면 대한민국이 답답해 보인다. 위로는 중국이라는 거대한 나라가 막고 있고, 아래로는 일본이 길게 우리나라를 포위하고 있다. 하지만 지도를 거꾸로 놓고 보는 순간 상황은 역전된다. 넓디넓은 바다를 향해 우뚝 솟은 당당한 한반도가 보인다.

그것만으로 믿기 어렵다면 물구나무를 서서 세상을 보자. 물구나무가 어렵다면 두 다리를 벌리고 서서 고개를 숙여 다리 사이로 세상을 보아도 좋다. 거꾸로 보는 것만으로도 얼마나 세상이 달라지는지 경험할 수 있을 것이다.

내가 보는 것이 전부가 아니다. 거꾸로 보면 모든 사물이 변할 수 있다. 그 단순한 사실을 잊지 않는다면 뇌는 한결 부드러워지고, 예전보다 훨씬 새롭고 창의적인 아이디어가 샘솟게 될 것이다. 아이디어는 어느 날 불현듯 떠오르는 것이 아니라 이런 노력들이 바탕이 되어 만들어진다.

여전히 고지식함의 대명사로 떠오르는 공무원상을 바꿀 수 있는 존재는 공무원 자신일 수밖에 없다. 이 시대의 공무원들에게, 내 친애하는 후배들에게 한 번쯤 해주고 싶은 당부다.

"물구나무 서서 세상을 보라."

다른 만큼 성공한다

어차피 출발선은 똑같다. 하지만 어떤 자세로 일하느냐에 따라 그 사람의 인생은 달라질 수밖에 없다. 처음엔 작은 차이인 것처럼 보이지만 시간이 흐를수록 그 차이가 커져서 어느 지점에선 도저히 좁힐 수 없는 거리를 만든다. 즉, 다른 만큼 성공한다는 의미다.

과장 시절의 일이다. 어느 날 과천에 근무하던 후배가 찾아왔다. 반가운 마음에 옆에 있던 의자를 내어주고 차 한 잔을 주며 근황을 물었다. 그랬더니 후배는 기다렸다는 듯 불평을 쏟아놓기 시작했다.

"신임 장관 때문에 정말 힘들어서 못 살겠어요. 아무것도 모르면서 새로운 걸 한다고 사람을 달달 볶아요. 정말 '또라이'에요."

시종일관 장관에 대한 불평불만이다. 명색이 행시 출신 장관인데, 말도 안 되는 지시를 내리고 이상한 일만 벌인다는 것이다. 후배는 그런 사람이 어떻게 장관이 됐는지 모르겠다며 핏대를 올렸다. 험한 말도 삼가지 않았다.

"그래? 너만 그렇게 생각하니, 다른 사람들도 그렇게 생각하니?"

관자놀이를 괴며 물었다. 내가 반응을 보이자 후배는 더 신이 나서 대답했다.

"저만 그런 거 아니에요. 모두 같은 생각이에요."

"그렇단 말이지? 그럼 이거 선배로서 조언을 안 할 수가 없구나."

"좋은 해결책이라도 있어요?"

후배의 얼굴에 화색이 돌았다. 하긴 평소에 좋은 선배 노릇하려고 애써왔으니 후배가 기대하는 것도 당연했다.

"있긴 있는데, 내 말대로 할 수 있겠니?"

"그럼요. 대체 뭔데……."

"너 공무원으로서 성공할 가능성이 별로 없다. 당장 돌아가서 사표 내라."

"네?"

잔뜩 기대하고 있던 후배가 화들짝 놀라 몸을 세웠다. 기껏 위로라도 받고 싶어 찾아온 선배에게 위로는커녕 밥그릇 깨는 소리를 들었으니 얼마나 놀라고 실망했겠는가. 하지만 나는 충격요법처럼 후배를 정신 차리게 하기 위해 사표를 내라고 한 것이 아니었다.

"그 양반이 행정고시에 합격하고 일류부처에서 치열한 경쟁을 뚫고 차관을 하고 너희 부처의 장관으로 임명됐는데, 그렇다면 그 부처의 경쟁자들 모두 바보였을까? 네 말대로 그 사람이 또라이라면 그를 임명한 대통령은 왕또라이겠네?"

후배가 할 말을 잃은 듯 당혹스러운 표정을 지었다. 나는 한결 차분

해진 목소리로 후배에게 충고를 해주었다.

"그분의 장점을 보고 그의 생각을 읽어라. 그분은 나름대로 남보다 나은 능력과 장점이 있어서 지금의 자리에 온 것이다. 다른 사람이 자신의 기준으로 단점만 보고 불평할지라도 너는 그 사람의 능력을 인정하고 그 사람의 시각을 이해하려고 노력해야 해. 다른 평범한 사람의 시각과 생각이 같고 그와 다른 점이 없다면 그들보다 성장할 가능성은 없는 것이다."

상식적인 이야기지만, 그 말을 어떻게 받아들이느냐에 따라 후배의 인생이 결정될 터였다. 후배 말대로라면 그 장관은 속된 말로 '또라이'다. 하지만 남들보다 나은 점이 하나도 없는 사람이 장관 자리까지 올라가기는 불가능하다. 또 그런 '또라이'를 장관으로 임명할 만큼 정부조직이 허술하지도 않다.

물론 단점이 있었기에 부하직원들 눈에 또라이 장관처럼 보였겠지만 분명 그 장관은 남들보다 나은 점이 있어서 치열한 경쟁을 뚫고 그 자리까지 올라갈 수 있었을 것이다.

오히려 남보다 한 차원 앞선 생각과 시야를 이해하지 못하는 공무원들이 고정된 관념과 행태를 기준으로 불평을 쏟아내고 있는 상황이었을 것이라고 생각해본다.

스스로를 발전시켜 남들보다 낫기를 바란다면 다른 사람의 장점부터 보고 인정해야 한다. 설령 당장은 어떻게 그가 그 자리까지 올라갈 수 있었는지 이해할 수 없더라도 장점을 보려고 노력해야 한다. 저 사람의 장점은 뭘까, 저 사람은 어떤 생각으로 저런 이야기를 하는 걸까 고민해보는 과정이 필요하다.

그런 과정을 통해 지금까지 보지 못했던 그 사람의 장점을 보고 인정하면 오히려 자신을 발전시킬 수 있다.

후배에게 사표를 권했던 것은 후배가 정작 보아야 할 장관의 장점은 보지 못하고, 다른 사람과 똑같은 눈높이에서 불평불만만 했기 때문이다. 사람을 보는 능력과 눈높이가 다른 사람보다 나은 것이 하나도 없는데 남보다 더 빨리 발전하고 승진하기는 어렵다.

후배뿐만 아니라 많은 사람이 다른 사람의 성공을 겸허하게 인정하지 못한다. 인정은 둘째 치고 어떻게든 흠집을 내려 한다. 성공한 현재의 모습보다는 부족했던 과거의 모습을 들먹이며 성공을 부정한다. 그럴수록 자신이 초라해진다는 것을 모르고 말이다.

어차피 출발선은 똑같다. 하지만 어떤 자세로 일하느냐에 따라 그 사람의 인생은 달라질 수밖에 없다. 처음엔 작은 차이인 것처럼 보이지만 시간이 흐를수록 그 차이가 쌓이고 쌓여서 어느 지점에선 도저히 좁힐 수 없는 거리를 만든다. 즉, 다른 만큼 성공한다는 의미다.

만약 내 시야나 수준이 주위 동료와 같다면 지금의 나를 걱정하고 두려워해야 한다. 내가 남보다 나은 것이 없다는 뜻이고 결국 나는 아무것도 아닌 사람이 될 것이기 때문이다. 남보다 나은 것이 없으면서 어떻게 남보다 잘 되기를 바라는가?

하지만 남들보다 나은 사람으로 발전하는 것은 그리 어려운 일이 아니다. 남의 나은 점을 보고 배우고, 부족한 부분을 반면교사로 삼아 수정하고 보완해가면 되는 것이다.

청와대 수석과의
담판

대화를 통해 최대한 논리적인 결론을 이끌어내고 그것을 수용한 부처 간의 성숙함이 없었다면 조정은 불가능했을 것이다. 무엇보다, 겁 없던 젊은 과장의 요구에 기분 나빠하기보다 합리적이고 논리적인 주장을 받아들인 수석의 공정함이 그 일을 가능하게 한 힘이다.

    살다 보면 이런저런 일로 갈등의 한중간에 서게 될 때가 있는데, 내겐 유독 그런 일이 많았다. 아니, 그런 일을 찾아다녔다는 게 맞는 표현이겠다. 이력을 되짚어보면 쉽게 이해할 수 있는 일이다.
    내가 공직에서 한 일 가운데 가장 많은 시간을 할애한 것은 분쟁을 조정하는 일이었다. 총무처 소청심사위원회 행정사무관으로 공무원 생활을 시작해서 국무조정실 복지노동심의관, 총괄심의관, 기획관리조정관을 거쳤다. 그리고 2005년에는 규제개혁조정관을 맡으며 정부의 규제개혁 작업에 참여했다. 말 그대로 조정에서 조정으로 이어진 이력이다.
    사람 사이에서도 그렇지만 정부 부처도 서로의 입장과 이해관계에 따라 첨예하게 대립하는 경우가 많다. 물론 정부 부처는 기본적으로 국민들의 안녕과 행복을 위해 존재한다. 하지만 부처마다 역할이 다르고, 국민들의 안녕과 행복을 추구하는 방식이 다르다. 부처 간의 갈등이 생기는 이유다.

그렇게 서로 입장 차이가 극명해 각 부처가 자체적으로 합의를 도출해내지 못할 때 그 갈등을 해결하고 합의점을 찾는 게 조정관인 나의 역할이었다.

오랫동안 조정을 하면서 조정이 참 어렵다는 생각을 자주 했다. 부처 간의 갈등은 표면적으로 드러난 모습만 보고서는 해결하기 어렵다. 대립의 이면에 숨어 있는 속사정, 즉 갈등의 근원을 꿰뚫어야 한다. 서로가 진정으로 원하는 것이 무엇이며, 양보할 수 있는 선이 어디까지인지를 파악한 다음 조정에 들어가야 한다.

어느 한쪽의 입장에 치우쳐서도 안 된다. 양쪽의 입장을 충분히 고려해 꼭 지켜주어야 할 것들을 지켜주면서 양보를 이끌어내야 조정이 가능하다.

이런 것들을 고려하지 않고 무조건 양보를 강요하면 갈등은 더 심화될 뿐이다. 대립에서 한 걸음씩 물러나야 갈등도 풀고, 진정한 파트너로서 협력도 할 수 있다. 사람 관계도 마찬가지다. 서로의 입장을 이해하고 조금씩만 양보하면 어느 한쪽도 손해 보지 않고 상생할 수 있다.

여러 가지 조정의 기록 가운데 특히 잊을 수 없는 일은 교육부 담당 과장으로 일하면서 해결한 '신교육직업체제 도입방안'이다.

당시 청와대는 직속으로 교육개혁위원회를 두고 엄청나게 많은 교육개혁 과제를 내놓았다. 교육개혁위원회에서 방안을 만들면 총리가 위원장인 교육개혁추진위원회에서 정부 차원의 실천 프로그램을 만들었다. 나는 관계 부처의 의견을 모아 구체적인 실천방안을 만드는 역할을 했다.

당시 교육개혁방안으로 나온 것 중의 하나가 '신직업교육체제 도입방안'이었다. 지금도 그렇지만 예전에는 대학 시절의 전공을 살려 취직하는 경우가 극히 드물었다. 회사도 신입사원을 채용할 때 전공에 연연하지 않았다. 무조건 좋은 대학을 나온 사람을 뽑은 뒤 별도로 실무교육을 시켜서 부서에 배치했다.

결과적으로 대학 교육은 산업 현장에서 필요로 하는 인력을 양성하는 데는 전혀 도움이 되지 않았다. 그래서 산업현장 수요를 학교 교육에 반영해 현장에 필요한 인력을 양성하자는 안이 나왔다.

이것이 '신직업교육체제 도입방안'이었다. 이 안을 토대로, '학교교육과 산업현장의 수요를 어떻게 연계시킬 것인가' 하는 실천방안을 만드는 것이 우리의 할 일이었다.

개혁방안의 기본적인 취지에는 모두 공감했다. 그리고 신직업삼법 즉, 직업교육기본법·국가기술자격법·직업능력개발법을 만든다는 안에도 이견이 없었다. 하지만 곧 심각한 문제에 맞닥뜨렸다. 교육부와 노동부 중 어느 쪽이 그것을 주관하느냐로 갈등을 빚기 시작한 것이다.

일반적으로 제도 교육은 교육부 소관이고, 실무기능인력과 직업 훈련은 노동부 소관이었다. 사정이 그렇다 보니 양 부처는 그 업무가 자기 부처 소관이라고 서로 주장했다. 매일 협의를 했지만 도통 결론이 나지 않았다.

사실 가장 이상적인 것은 교육부가 맡은 학교 교육을 통해 산업 현장에 필요한 인력을 양성하는 것이다. 그러면 별도의 직업 교육을 할 필요가 없다. 재훈련이나 직업 전환을 위한 교육만 하면 된다.

학교 교육에 직업능력 교육을 추가하는 교육 개혁의 문제이기도 해서 교육부가 초안을 만들었는데, 노동부는 좀처럼 이를 받아들이려 하지 않았다. 이 문제를 노동부의 사활이 걸린 문제로 판단했기 때문에 절대로 주도권을 뺏길 수가 없었던 것이다.

노동부의 입장은 충분히 이해가 갔다. 단순한 직업 교육 문제를 너무 비약하는 것이 아니냐고 생각할 수 있지만 그게 아니었다. 노동부의 우려대로, 직업 교육 주도권을 교육부에 넘겨주면 노동부 자체의 존폐 문제로 발전될 가능성이 있었다.

노동부의 역할은 크게 두 가지다. 하나는 근로자의 권익을 보호하고 지위를 향상시키는 일이다. 한마디로 말하면 근로자 복지를 책임지는 것이다. 그리고 다른 하나는 직업기능 훈련을 통해 근로자의 능력을 발전시키는 일이다.

문제의 소지는 후자에 있었다. 직능 훈련을 학교에서 소화할 경우 비슷한 교육을 노동부에서 할 필요가 없어지는 셈이다. 유사한 기능을 양쪽에서 담당하는 것 자체가 낭비이므로, 직업 훈련을 교육부로 떼어주면 노동부는 복지만 담당해야 하는 것이다.

노동부 입장에선 위기감을 느낄 수밖에 없었다. 복지 역시 노동부 고유의 권한으로 보기 어렵기 때문이다. 복지는 근본적으로 복지부 담당이다. 물론 복지 분야는 세부적으로 나뉘지만, 공통 복지라는 차원에서 가정 복지, 아동 복지, 노인 복지와 함께 복지부가 근로자 복지까지 담당해도 된다.

실제로 노동부는 복지부에서 떨어져 나가 노동청이 됐다가 노동부로 승격된 이력을 가졌다. 결국 교육개혁방안을 어떻게 다루는가에 따라 노동부의 존폐 논란으로 발전할 수도 있는 상황이었다. 이러한 저간의 사정을 알지 못하고 무리하게 신직업교육체제 도입 방안을 밀어붙인다면, 노동부의 필사적인 저항에 부딪칠 것은 불을 보듯 훤한 일이었다.

결국 원만한 조정을 위해서는 노동부의 고유 영역을 지키면서 직업교육을 연계할 수 있는 방안을 찾아야 했다. 나는 일단 교육부가 내놓은 안을 가지고 조정을 시작했다.

예상대로, 노동부는 용어를 정의하는 단계에서부터 반대로 일관했다. 하지만 설득 끝에 양쪽 부처 국장, 과장을 불러놓고 조문을 하나하나 직접 쓰면서 합의를 이끌어냈다. 노동부의 입장을 살릴 것은 살려주고, 무조건 반대하는 부분은 논리적으로 더 이상 반박할 수 없도록 압박하면서 정말 어렵게 조정을 했다.

하지만 어느 정도 조정을 마무리했다 싶으면 관계 부처에서 다시 수정해달라고 간청을 해왔다. 여름휴가를 가 있는 동안에도 조정사항을 두고 분란이 많아 한 시간 이상 휴대전화로 업무를 지시한 적도 있다.

그런 험난한 과정을 거치면서 신직업교육삼법을 최종 합의하고 결론을 냈다. 오랜 시간 어깨를 짓누르던 무거운 짐을 내려놓은 듯 홀가분한 기분이었다.

그렇게 일이 매끄럽게 끝난 줄 알았다. 그런데 아니었다. 조정안은 교육개혁실무위원회와 교육개혁위원회에 올려 정부안으로 확정지어야 한다. 청와대가 총괄 지휘하는 상황이라 교육부가 청와대에 합의한 사안을 보고하라고 했는데, 보고서가 올라간 지 며칠이 지나도록 승인이 떨어지지 않았다. 교육부에 이유를 물어보니 청와대 교육비서관이 아직 수석에게 보고를 하지 않은 것 같다는 답변이 돌아왔다.

당시 청와대 수석에 재직했던 분은 현재 한반도선진화재단 이사장을 맡고 있는 박세일 씨였다. 저마다 평가가 다를 수 있겠지만, 그분은 정치적 성향을 떠나 한국 사회의 진보적 보수로서 상당히 합리적이고 뛰어난 인물이라는 게 내 생각이다.

어쨌든 사정은 복잡했다. 당시 박세일 수석 밑에는 교육비서관과 노동비서관이 있었다. 교육비서관은 안이 합의가 되면 보고하려고 했는데, 노동비서관이 먼저 쟁점을 정리해 수석에게 브리핑을 했던 모양이다.

노동비서관실에는 인물도 훤칠하고 상당히 똑똑하고 논리적인 행정관이 있었다. 그는 선수를 치듯 논리정연하게 쟁점 사항을 노동부 입장에서 설명했고, 그로 인해 수석의 마음을 잡아놓은 모양이었다.

누가 먼저 보고하는가는 그래서 중요하다. 먼저 보고하는 사람이 논리 체계에 맞게 잘 설명하기만 하면 상대방의 머리에는 그 내용이 각인되는 법이다. 박세일 수석은 교육비서관의 보고를 받기도 전에 비서관 회의를 통해 우리가 어렵게 조정해놓은 안과는 다른 이야기를 했다고 한다. 그 바람에 교육비서관은 수석에게 조정안을 들고 갈 엄두조차 내지 못한 것이다.

사실, 조정을 할 때 나는 노동부가 불리하다고 생각했고, 따라서 그 입장을 많이 고려해 합의를 이끌어냈다. 주도권은 교육부가 갖되, 교육부와 노동부를 연결하는 고리로 직업능력개발원을 신설하고, 개발원에서 산업현장 노동 수요를 살피고, 어떻게 교육현장에서 수요에 맞는 인력을 키울 것인가를 연구하는 역할을 하도록 했다.

양쪽이 같이 운영하도록 함으로써 노동부의 입지를 살린 셈이다. 그런데도 노동부 입장에서는 교육부가 자기네 고유 업무인 직업 훈련에 손을 댄다고 생각해서 선수를 쳤던 셈이다.

어렵게 조정을 마치고 청와대에 넘긴 안이 벽에 부딪혀 있는 상황에서 내가 할 수 있는 일은 한 가지밖에 없었다. 나는 단신으로 청와대를 찾아갔다. 일단 비서관을 만났다. 그와 차 한 잔을 하면서, 청와대에 온 김에 수석에게 인사를 드리고 싶다고 말했다. 다행히 수석이 허락해 인사를 할 수 있었다.

"수석님. 총리실에서 조정해놓은 사안에 대해서는 그것이 명백히 위법이거나 돌발상황으로 사정이 바뀌지 않는 한 수용해 주시는 게 좋습니다. 청와대의 뜻과 다르다고 매사 옳다 그르다 하시면 진행할 수 있는 일이 아무것도 없습니다. 총리실은 아무 일도 할 수 없게 되고, 그 부담은 다 청와대로 넘어오게 됩니다."

나는 겁도 없이 부처 간에 합의한 사안이 보류되고 있는 데 대한 부당함을 지적했다. 수석은 조목조목 문제를 제기했다. 내가 일일이 직접 조정을 한 내용이라 왜 그렇게 조정했는지 논리적으로 설명하는 데 어려움이 없었다.

이야기는 자연스럽게 나와 수석의 토론으로 발전했다. 한 시간쯤 토론을 하자 수석의 생각이 조금은 바뀐 듯 고개를 끄덕였다. 나는 자리에서 일어나 나오면서 마무리를 지었다.

"수석님. 수석님 뜻에 맞지 않더라도 이미 관계부처 차관회의까지 마쳤습니다. 합의된 대로 교육개혁추진실무위원회를 열어서 추진하겠습니다."

단도직입적으로 말하고 나오는데 수석이 '잠깐만!' 하며 나를 붙잡았다.

"이 문제, 관련 기관과 전문가 의견을 한 번 더 들어보면 안 되겠소?"

못할 이유가 없었다. 흔쾌히 그리하겠다고 대답하고 곧장 배석했던 청와대 과장에게 회의 주관을 부탁했다. 내가 직접 주관하면 객관성이 없다는 오해를 받을 수 있다는 생각에서였다.

며칠 후 청와대에서 연락이 왔다. 수석이 다시 한 번 나를 보고 싶어 한다는 것이었다.

"박 과장. 전문가 의견 들어봤어요. 박 과장 얘기가 대체로 맞는데, 그래도 말이요……."

전문가 의견을 들은 후 생각이 많이 바뀌긴 했으나 여전히 뭔가 개운치 않은 듯 말문을 열었다. 또 다시 토론이 시작됐다. 약 한 시간 동안 토론하면서 수석의 생각이 거의 바뀌었음을 감지했다.

"그렇게 가는 것이 최선입니다. 당위성, 명분을 충족시키면서 추진할 수 있는 안은 그것밖에 없습니다. 교육개혁추진실무위원회 날 잡겠습니다."

다시 한 번 조정안에 확신을 실어 이야기했다. 잠시 생각에 잠겨 있던 수석이 어쩔 수 없다는 듯 고개를 끄덕였다.

"그렇게 하쇼."

그 한 마디에 비로소 마음이 놓였다. 부처의 합의를 끌어내 조정안을 만드는 것만큼 정부안으로 확정시키는 과정도 지난했던 셈이다.

하지만 그게 끝이 아니었다. 국무회의에서 정부안을 확정해 국회로 보냈더니 또 싸움이 났다. 신직업교육법과 직업능률개발법 모두 교육부와 노동부 공동 제안으로 내놓았는데, 이번에는 어느 위원회에서 이 문제를 맡을 것인가를 놓고 국회의원들끼리 갑론을박하기 시작한 것이다.

어찌 보면 지극히 사소한 문제인데, 정당 간의 갈등이나 자존심 때문에 어렵게 만든 안이 자칫 무산될 위기에 처했다. 다행히 일은 잘 마무리되었고, 나는 큰일을 하나 처리했다는 자부심을 가질 수 있었다.

그런데 곰곰이 생각해보면 내가 그 문제를 해결할 수 있었던 것은 나

혼자만의 힘이 아니었다. 대화를 통해 최대한 논리적인 결론을 이끌어 내고 그것을 수용한 부처 간의 성숙함이 없었다면 조정은 불가능했을 것이다. 무엇보다, 겁 없던 젊은 과장의 요구에 기분 나빠하기보다 기꺼이 토론에 응해주고, 합리적이고 논리적인 주장을 받아들인 수석의 공정함이 그 일을 가능하게 한 힘이다.

한 가지 안타까운 것은 그렇게 우여곡절 끝에 겨우 완성된 시스템이 지금은 많이 변했다는 점이다. 조정을 주도했던 총리실이 중심을 잡고 이후의 과정을 관리했어야 하는데 정권이 바뀌면서 소홀해진 탓이다. 조정의 방향은 분명 맞았는데, 다시 옛날로 돌아간 부분이 많아 아쉽기 그지없다.

사흘 밤샘으로 완성한
통합방송법

부처 간의 이권이 걸린 첨예한 갈등을 불과 3일 만에 풀어 합의를 도출해내기란 사실상 불가능한 일이다. 하지만 아무리 어려워 보여도 문제의 본질을 파악하고 확실한 논리와 열정 그리고 의지로 당사자들의 공감을 이끌어낸다면 문제의 해결은 가능하다. 그것이 바로 조정의 매력이다.

정책조정과 관련해서 의미 있게 기억되는 사례가 또 하나 있다. 총괄과장으로 있을 때 추진했던 통합방송법 제정이 그것이다. '신직업교육체제'나 '유아교육 개혁'과 마찬가지로 방송법 역시 부처의 생존이 걸린 문제였다. 그 때문에 공보처와 정통부의 갈등이 만만치 않았다.

통합방송법 제정 이전의 방송법은 공보처 소관으로 지상파 방송에 국한되어 있었다. 그러다 케이블 방송이 등장하면서 유선방송을 관리하는 종합유선방송법이 새로 제정되었다. 문제는 위성방송이었다. 케이블 방송의 등장과 함께 위성방송의 처리가 시급해진 것이다.

이미 무궁화위성은 3년 전에 쏘아 올린 상태였다. 그런데 위성방송을 할 수 있는 법적 근거가 없어서 위성은 맥없이 떠 있었다. 하루라도 빨리 관련 방송법을 만들어야 하는 상황이었다. 사정이 그렇다 보니, 이왕이면 모든 방송을 다 다룰 수 있는 통합방송법을 만들자는 의견이 제시되었고, 이로써 관련 부처 사이의 갈등이 시작된 것이다.

방송은 그 성격상 공보처와 정통부의 이해가 첨예하게 얽히는 분야다. 기본적으로 방송을 관장하는 부처는 공보처지만 정통부도 반 정도의 권한을 행사하고 있었다.

방송사를 허가하는 것은 공보처인데, 문제는 방송국을 세우려면 전파를 내보내는 기지국이 있어야 한다는 점이다. 전파를 관리하는 역할은 정통부 소관이므로 정통부에서 기지국 허가를 해주어야 비로소 방송국을 세울 수 있다. 채널과 주파수를 주는 것이 모두 정통부의 권한이므로 공보처 못지않게 정통부의 권한이 막강했다.

그런데 통합방송법은 전파를 이용한 지상파만 관리하는 법이 아니다. 케이블 방송은 케이블을 타고 가지만 위성은 또 다른 차원이다. 이런 사정을 감안하지 않고 통합방송법이 제정될 경우 정통부의 권한은 대폭 축소될 수밖에 없었다.

예상대로 정통부가 결사적으로 반대하면서 공보처와의 갈등이 확산되었다. 부처 간의 싸움이 길어지면서 위성이 계속 헛돌게 되자 견디다 못한 공보처가 총리실에 조정을 의뢰했다.

조정 의뢰를 받은 나는 곧장 조정관님께 보고하고 회의를 주관해달라고 요청한 후 양 부처의 국장을 불렀다. 그 자리에서 통합방송법 제정과 관련해 몇 가지 원칙을 정했다. 정통부와 공보처는 원칙에 동의했지만, 시간이 흘러도 싸움은 계속되었다.

  나는 좀 더 적극적으로 개입하기로 했다. 이번엔 조정관 주재 하에 양 부처의 국장과 과장을 불러놓고 몇 시간에 걸쳐 조정을 시도했다. 어렵게 결론을 내고 조정한 내용을 일일이 적고 확인을 받은 후 합의문을 썼다. 이제 기본적인 합의가 모두 끝났으니 저녁식사 후 방송국장실에 모여 실무 작업을 하도록 했다.

  큰일을 마무리한 터라 홀가분한 마음으로 저녁식사를 하고 지인들과 모임을 가졌다. 도중에 휴대전화를 확인하니 집 전화번호가 찍혀 있었다. 주변이 시끄러워 전화소리를 듣지 못했던 모양이다. 집에 전화를 걸어 확인하니 공보처 방송국장이 여러 번 전화를 걸어 나를 찾았다는 것이다. 마침 모임 장소가 사무실 근처였으므로 나는 곧장 방송국장실로 갔다. 방송국장이 나를 보더니 반색을 했다.

  "과장님. 정통부 친구들이 나타나지를 않습니다. 실무 작업을 하기로 했는데, 곧 오겠다고 하면서 아직까지도 오지 않습니다."

  정통부 직원들이 조정안에 불만을 품고 나타나지 않은 것이다. 나는 곧장 정통부 담당 과장에게 전화를 걸어 호통을 쳤다. 합의의 기본은 약속을 지키는 것인데, 실무 작업을 위한 모임에도 나타나지 않는다는 것은 상식을 한참이나 벗어난 행위였기 때문이다.

  "합의를 해놓고 오지 않는 이유가 뭡니까!"

  서슬 퍼런 질책에 정통부 직원들이 마지못해 모습을 드러냈다. 나는 양 부처가 모여 실무 작업을 시작하는 것을 보고서야 사무실을 나왔다.

그날이 11월 둘째 주 목요일이었다. 시간이 촉박했다. 당장 다음 주에 열릴 차관회의에 합의안을 올려 국회에 제출해야 했다. 정기국회 막바지인 만큼 서둘러 안을 제출해서 통과시키지 않으면 다음 해로 미뤄질 상황이었다.

다음 주 월요일, 순조롭게 실무 작업이 진행되는지 궁금해서 담당자에게 확인을 해보았다.

"하고는 있는데 진도가 영 안 나갑니다."

담당자가 울상을 지었다.

상황은 심각했다. 합의서 내용을 어떻게 해석하느냐를 놓고 양 부처 직원들 사이에 또 싸움이 붙어 진행이 되지 않은 것이다.

그날 저녁 이번에는 양쪽 과장을 내 사무실로 소집했다. 조정관 주최 국장회의에서는 상세한 논의가 불가능하다는 판단 하에 내 주관으로 실무 합의를 시도한 것이었다.

이런저런 뒷말이 나오지 않게 하려면 법제관이 동석하는 게 좋지만 밤을 새야 될지도 모르는 상황에서 무리한 부탁을 할 수는 없었다. 그 대신, 새벽에라도 전화를 하면 바로 자문을 해주겠다는 법제관의 약속을 받고 조정을 시작했다.

조정은 여전히 쉽지 않았다. 근본적으로 방송에 대한 개념 정의를 놓고 처음부터 부딪쳤다. 나는 서두르지 않았다. 양쪽 이야기를 모두 듣고 정리해 방송의 개념을 써서 제시하였다.

내가 쓴 초안을 토대로 양쪽 부처의 의견을 반영해 수정하는 과정을 거쳐 방송의 개념정의에 합의했고 이후 쟁점에 대한 조정을 통해 합의를 이루어 나갔다. 중요한 것은 직접 쓰고, 쟁점이 되는 것은 토론을 통해 합의를 하고, 토론으로도 이견을 좁히지 못하면 법제관에게 전화를 걸었다. 그렇게 해서 모든 쟁점에 대해 조정을 끝내고 보니 합의 내용이 A4용지 세 장에 이르렀고 날은 이미 환하게 밝아 있었다. 밤을 꼬박 새운 것이다.

피로가 몰려왔지만 확실한 마무리가 필요했다. 나는 양쪽에 합의문을 복사해주고 조문화 작업을 하도록 했다. 조문화 작업은 공보처 주관이니 빨리 만들어 법제처에 넘기고 심의를 받으라고 당부했다.

화요일 저녁, 공보처에 다시 전화를 걸어 진행이 잘 되고 있는지 확인해보았다. 그런데 아직도 진도가 나가지 않는다고 아우성이었다. 공보처가 만든 초안을 정통부와 함께 검토하는데 다시 싸움이 붙은 것이다. 합의된 내용을 바탕으로 초안을 만들었음에도 조항 하나하나마다 의견이 달라 첫 단추조차 꿰지 못했다는 하소연뿐이었다.

사소한 내용 하나도 부처 입장에서는 쉽게 넘기기 어려운 시각차와 이해 차이가 엄연히 존재하고 있었던 것이다.

어떻게든 끝을 내야 했다. 나는 특단의 방법을 쓰기로 했다. 일종의 사술(詐術)이었다. 책임 있는 결단이 가능한 국장과 세부 내용을 아는 과장들을 모두 모아놓고 결판을 내기로 했다.

나는 조정관님께 "제가 오늘 저녁 이 방을 좀 쓰겠습니다. 조정관님은 퇴근하시고 9시쯤 전화 한 통만 해주십시오"라고 부탁을 드렸다. 그리고는 양 부처의 국장, 과장들을 밤 6시 반까지 조정관실로 모이도록 통보했다.

양 부처 국장, 과장들이 시간에 맞춰 도착했고 우리는 방에 앉아 잠시 기다리다가 내가 말을 꺼냈다. "조정관님께서는 급한 약속으로 잠시 나가셨는데, 기다리지 말고 우리끼리 진행하면 어떨까요?"라고 제안하자 거절할 만한 상황이 아니라 판단하고 모두 내 말에 동의했다.

공보처 초안을 가지고 축조심의에 들어갔다. 축조심의란 법안을 한 조항씩 읽으면서 논의하는 심의방법이다. 원래 부서 간 협의가 끝나면 축조심의까지 할 필요가 없는데, 작은 표현 하나까지 날을 세워 싸우니 조정을 하지 않을 수가 없었다.

지난밤 합의한 내용을 바탕으로 이견을 좁혀나갔다. 그렇게 조문 하나하나를 조정했다. 조문 하나를 놓고 몇 시간을 씨름하기도 했다. 사소한 표현, 심지어 점 하나를 찍고 안 찍고를 놓고도 실랑이를 벌였다. 충분히 이해할 수 있는 일이었다. 일반인들이 보면 아주 사소한 문제지만 부처 입장에서 보면 점 하나, 표현 하나에 따라 큰 차이가 나기 때문에 각을 세울 수밖에 없었으리라.

한참 논란이 오고가는 가운데 전화벨이 울렸다. 나는 전화기에 귀를 대고 "조정관님, 우리끼리 잘 진행하고 있습니다. 그냥 퇴근하시지요"라고 말한 후, 참석자들에게 물었다. "오시라고 할까요?" "그냥 들어가라고 하시지요." 역시 모두 거절할 수 있는 상황이 아니었다. 그때 내 사술에

(알고도?) 속은 두 국장님께 미안한 말씀을 드린다. 어쨌든 그렇게 해서 72개조 항목을 모두 조정하고 나니 다시 날이 밝았다. 이틀 연거푸 밤을 새우고 완전히 합의를 이룬 것이다.

수요일, 이제는 날이 저물기 전에 법제처 심의를 마쳐야 했다. 그래야 목요일 차관회의에 안건으로 올릴 수 있었다. 원래 법제처 심의는 한 달도 걸리고, 두 달도 걸린다. 다른 부처와 달리 법제처에서는 처장, 차장까지 조문을 하나하나 다 읽어본 다음에야 결재한다.

하루 만에 법제처장 결재까지 끝내기는 무리다. 하지만 사안이 사안인 만큼 서둘러 줄 것을 부탁했다.

오후 3시쯤 공보처에 전화를 했더니 또 난리가 나 있었다. 법제처장 결재를 받아야 하는데 법제관 심사도 안 끝났다며 발을 동동 굴렀다. 법제관에게 전화를 걸어보니 자기는 봤는데 처장과 차장이 국회에 가 있어서 보고를 하지 못한다는 것이었다.

"그런다고 앉아서 기다리면 되나요? 빨리 국회로 가세요."

내몰듯이 법제관을 국회로 보내 겨우 결재를 받았다. 드디어 목요일 아침 차관회의에 안건이 상정되었다. 공보처는 안을 올리고도 걱정이 많았다. 공보처와 정통부 외에도 부분적으로 관련된 부처가 있었는데 워낙 시간이 없어 관련 부처와 협의를 다 마치지 못했기 때문이다. 관련 부처 차관에게 미리 연락해서 상정안의 대략을 설명하고 협조를 부탁하도록 했다.

차관회의에서는 그 안을 놓고 치열하게 공방을 벌였다. 두 시간여 동안 토론한 끝에 결국 원안 그대로 통과되어 국무회의로 넘어갔다. 공을 들인 만큼 국무회의에서도 깔끔하게 통과되었다. 월요일 저녁에 방송의 개념부터 새로 작성하며 처음 조정에 들어갔는데, 목요일 차관회의에 조문 작업까지 깔끔하게 끝낸 안이 올라갔고 원안의결이 되었으니 그야말로 기적이라 할 수 있었다.

당시 강봉균 행정조정실장은 조정완료 보고를 받고 "정말 끝났어? 내가 또 머리가 많이 아프겠구나 생각했는데…… 정말 대단해"라고 감탄인지 칭찬인지 모호한 말을 하던 기억이 난다.

부처 간의 이권이 걸린 첨예한 갈등을 불과 3일 만에 풀어 합의를 도출해내기란 사실상 불가능한 일이다. 하지만 아무리 어려워 보여도 문제의 본질을 파악하고 확실한 논리와 열정 그리고 의지로 당사자들의 공감을 이끌어낸다면 문제의 해결은 가능하다.

그것이 바로 조정의 매력이다.

독립기념관

참으로 기적 같은 일이었다. 각 부처의 이해관계가 얽힌 일을 순식간에 해결한 것과 도시의 성격 자체를 바꿀 수 있는 대사에 모두가 합의한 것, 그리고 그것을 단시간에 해낸 것 말이다. 그것을 가능하게 한 것은 단 하나, 한민족으로서의 공감이었다.

1987년 8월 15일에 개관한 독립기념관은 지속적인 지원 덕분에 민족의 독립을 기념하는 기념관다운 위용을 갖추게 되었다. 하지만 독립기념관의 건립을 계기로 그 주변이 변화해지면서 문제가 생기기 시작했다. 한동안 고층 아파트와 상가가 서는가 싶더니, 1990년대 중반쯤 되자 기념관 입구까지 러브호텔이 들어섰다. 결코 보기 좋은 모습이 아니었다.

독립기념관 쪽에서도 문제의 심각성을 파악했던지 고층 아파트와 러브호텔의 급속한 확산을 막아달라고 다급하게 요청해왔다. 그 문제가 현안으로 올라와 있는 시점에서 나는 복지심의관실 담당 과장으로 자리를 옮겼다.

앞서 이야기한 바 있듯, 일제의 폭정은 우리 집안에 큰 상흔을 남겼다. 토지를 수탈당한 것이야 전대의 일이니 그 억울함을 체감할 수 없었다 치자. 하지만 징용에 끌려갔다가 폐인으로 돌아와 평생을 병마와 싸워야 했던 아버지의 원한은 자식인 나로서도 잊을 수 없는 것이었다.

'너는 총명한 아이니 커서 꼭 나랏일을 해라. 흔들리지 않는 사람이 되어야 한다'라고 말씀하시던 아버지. 그 아버지가 새삼 떠올랐다.

나는 곧장 독립기념관 주변을 청정화하는 문제에 착수했다. 조사 결과 독립기념관 주변에 건설 허가가 난 아파트가 지나치게 많았고, 지속적으로 늘어날 전망이었다. 이미 허가를 받아놓은 아파트만 해도 1만세대에 육박했다. 한시라도 빨리 조치를 취해야 했다.

하지만 그것은 한 사람의 힘으로 해결할 수 있는 문제가 아니었다. 이것저것 따지고 각 부서의 갈등을 조율하려 들다 보면 관련 법규를 상정하는 것만으로도 수년 혹은 십수 년의 세월이 흐를지 모른다. 그리고 아마도 법규가 적용될 즈음이면 독립기념관 주변은 이미 유흥가로 변해 있을지도 모르는 일이었다. 나는 현장에서 단번에 결론을 내야 한다고 생각했다.

문화체육관광부, 국가보훈처, 건설교통부 등 관련 부처 사무관들과 과장 그리고 천안시 건설부 국장과 함께 독립기념관에 모였다. 독립기념관을 둘러보면서 모두들 사태의 심각성을 공감했다. 그리고 모두 독립기념관 회의실에 모였다.

그 자리에 모인 인사들은 하나같이 착잡한 마음이었고, 어떻게든 상황을 바로잡아야 한다는 의지가 확고했다. 일사천리, 독립기념관 회의실에서 곧바로 조정을 시작했다. 하지만 행정 업무는 온갖 법규나 이해관계에 얽혀 쉽게 해법을 찾기 어렵게 마련이다.

"더 이상 건설 허가를 내주지 않으면 되지 않습니까?"

직설적인 질문에 천안시 건설국장이 곤혹스러운 표정을 지었다.

"법적으로 허가를 막을 근거가 없습니다. 정말 우리도 답답합니다."

건설국장의 말대로 독립기념관을 보호할 수 있는 법적 근거가 취약했다. 박물관 주변은 박물관법에 의해 주변 환경을 제한할 수 있지만 독립기념관은 박물관이 아니다. 박물관으로 인정받으려면 유물이 있어야 한다. 하지만 독립기념관에서 전시하는 것들은 대부분 독립정신을 고취할 수 있도록 인위적으로 재현한 복원물 혹은 밀랍으로 만든 인형들이었다. 개중에는 독립투사가 쓴 편지 등 물적 자료가 있지만 그것들도 대부분 유물로 인정된 것은 아니었다.

또, 문화재가 있으면 문화재법에 의해 주변을 규제할 수 있지만 독립기념관은 문화재도 아니었다. 심정적으로는 다른 박물관이나 문화재보다 독립기념관을 더 성스럽게 관리해야 할 것 같은데 법적인 규제근거가 아무것도 없었다.

어떻게 하면 독립기념관 주변을 보호할 수 있을까 머리를 맞대고 고민했다. 조정을 하기 위해 모였던 인사들이 즉석에서 주변 난개발을 막을 방법을 찾기 시작한 것이다. 모두가 사안의 중요성을 공감했기에 가능한 일이었다.

오랜 회의 끝에 획기적인 해결책을 찾아냈다. 도시계획 자체를 바꿔 박물관 주변을 전부 공원지역으로 지정하기로 한 것이다. 공원으로 지정하면 더 이상 모텔이나 아파트를 지을 수 없으니 그보다 좋은 해결책이 없었다.

천안시는 바로 독립기념관 주변 일대를 공원지역으로 지정하는 도시개발계획 개정안을 만들어 건교부에 올렸다. 건교부도 사안에 공감한 상태였기 때문에 일사천리로 필요한 조치를 취했다.

참으로 기적 같은 일이었다. 지금 생각해도 통쾌한 일이었다. 각 부처의 이해관계가 얽힌 일을 순식간에 해결한 것과 도시의 성격 자체를 바꿀 수 있는 대사에 모두가 합의한 것, 그리고 그것을 단시간에 해낸 것 말이다.

그것을 가능하게 한 것은 단 하나, 한민족으로서의 공감이었다. 민족의 자존감을 지킨다는 사명감 아래 서로의 입장보다는 사안 해결에 집중할 수 있었고, 그로 인해 독립정신의 상징이 훼손되는 것을 막아냈다.

요즘도 가끔 독립기념관을 지나치게 되면 그때마다 유심히 그 주변을 살펴본다. 1990년대 중반 이전에 세워졌던 아파트와 모텔 외에 더 지어진 흔적이 없다. 이제 독립기념관은 선열의 혼이 고즈넉이 잠들기에 부족하지 않은 성소가 되었다.

이렇듯 공직자로서 내가 했던 일의 결과를 확인하는 일은 언제나 즐겁다. 평소에는 나도 그런 일을 했었는지 까맣게 잊고 살지만 어쩌다 내가 했던 일을 다시 보게 되면 참으로 뿌듯하다. 더불어 행정 관료로서의 자세를 되짚어보게 된다.

사실, 행정 업무는 성격 자체가 무미건조하다. 하지만 그 업무를 관장하는 것은 사람이다. 사람의 의지와 열정, 책임감이 그 무미건조한 업무에 숨과 활기를 불어넣는다. 한번 그 성취감을 느껴보면 행정이라는 것이 얼마나 큰 매력을 지녔는지 알게 된다.

그 매력에 빠지는 것, 그것이 내가 내 일을 사랑하며 한평생 정진해올 수 있었던 비결이다.

총리실 해결사

아무도 해결하지 못해 7년을 끌어왔던 문제를 풀어내면서 '해결사'라는 별명은 더욱 공고해졌다. 해결하겠다는 마음으로 덤벼들어 해결하지 못할 문제는 없다. 나는 지금껏 옳다고 생각하면 어떻게든 다 해냈다. 특별한 능력이 있어서가 아니라 해결책을 찾을 때까지 포기하지 않았기 때문이다.

총리실에서 일하는 동안 나는 '총리실 해결사'라는 별명을 얻었다.

지금도 마찬가지지만 당시의 나는 무슨 일을 맡든 '못 하겠다'고 말한 적이 없다. '내 소관이 아니다'라고 말하지 않는 것을 자부심으로 여겼다. 어떤 일이든 다 해낼 수 있다는 무모한 자신감 때문이 아니다. 당장은 어렵고 불가능해 보이는 일이라도 어떻게든 방법을 찾으면 다 길이 열리리라는 믿음이 있었을 뿐이다.

어떤 일이 맡겨지면 나는 그것이 아무리 어려워 보여도 일단 긍정적으로 검토한다. 그런다고 해서 모든 일을 다 해결할 수 있다는 의미는 아니다. 정말 열심히 궁리하고 이런저런 시도를 해봐도 도저히 길이 보이지 않을 때도 있다. 그럴 때는 어쩔 수 없이 당장 결론을 내리는 것을 유예하는 경우도 있었다. 하지만 최선을 다한 만큼 나 자신에게 부끄럽지는 않다.

사실, 끝까지 포기하지 않고 방법을 찾았는데도 할 수 없는 일은 그리 많지 않다. 그런데도 많은 사람이 시도조차 해보지 않고 '안 된다, 불가능하다'고 말한다. 그런 자세로는 결코 남들보다 성장할 수 없다. 누구나 다 할 수 있는 일을 하는 것만으로는 다른 사람을 앞서기 어렵다. 위기 속에서 영웅이 탄생하듯 진짜 실력은 까다롭고 힘든 일을 할 때 발휘되는 법이다. 남들이 고개를 절레절레 흔들며 안 된다고 말할 때 그 일의 가능성을 찾고 도전하는 사람이 결국은 능력을 인정받는다.

앞서 소개한 일 외에도 어려운 과정을 거쳐 부처 간 이견을 조정하거나 큰 정책을 수립한 사례는 수도 없이 많다. 이런 과정들을 거치면서 나는 '총리실 해결사'라는 별명을 얻게 되었다. 이는 모 일간신문이 '이 사람' 이라는 인물 소개란에 나를 소개하며 그렇게 부른 것에서 시작되었다.

총리실에서 조정 못지않게 많이 했던 일이 규제를 완화하고 개혁하는 일이었다. 규제는 신호등과 같은 것이다. 신호등이 없으면 불편하고 사고가 나기도 쉽다. 반대로 필요 없는 곳에 신호등이 있으면 교통 흐름만 방해한다.

즉, '규제'를 무조건 없애는 것만이 해당 업무의 능률을 향상하는 방안은 아니라는 의미다. 예를 들어 '환경'이나 '안전'과 관련한 규제는 국민들의 건강 및 삶의 질과 직결되는 만큼 엄격하게 강화할 필요가 있다. 하지만 이런 사회적 규제 외에는 최대한 불필요한 규제를 하지 않도록 노력해야 한다.

불필요한 규제를 풀었던 수많은 사안 중에 특히 보람이 있었던 건이 하나 있다. 심사평가조정관으로 일하다가 규제개혁조정관으로 자리를 옮겼을 때의 일이다.

2006년 어느 날, 행자부에서 파견 와 있던 김주이 과장이 집무실로 찾아왔다. 당시 총리실에서는 '규제애로센터'를 운영하고 있었다. 부당하거나 불편하다고 판단되는 규제를 국민들이 직접 신고하고, 그렇게 접수된 애로사항을 조사해서 풀어주는 역할을 하는 센터였다. 김 과장이 찾아온 것도 규제애로센터에 접수된 한 건의 신고 때문이었다.

"조정관님. 이 문제를 해결하면 보람이 있을 것 같은데, 규제를 풀어주기가 쉽지 않습니다."

현대삼호중공업이라는 조선업체에서 신고한 내용이었다. 당시 조선업은 엄청난 호황을 누리고 있었다. 현대삼호중공업도 예외는 아니었다. 하지만 조선설비 용량이 부족해 밀려드는 주문을 받지 못한다고 하소연했다. 주문을 받으려면 100미터가 넘는 골리앗 크레인을 추가로 설치해서 라인을 증설해야 하는데, 규제 때문에 골리앗 크레인을 설치할 수 없는 상황이므로 조치를 취해달라는 내용이었다.

확인 결과 골리앗 크레인을 설치할 수 없는 이유는 목포비행장 때문이었다. 조선소 바로 앞에 산이 하나 있고, 그 산 너머에 목포비행장이 자리 잡고 있었다. 그런데 이 비행장이 군용 공항이어서 군용기의 비행을 방해할 수 있다는 이유로 엄격한 규제를 두었다. 목포공항을 중심으로 반경 3,300미터까지는 45미터 이상의 건축물이나 장비를 설치할 수 없도록 고도를 제한하고 있었던 것이다.

현대삼호중공업 입장에선 이러한 비행고도 제한을 받아들이기 어려웠다. 목포공항과 현대삼호중공업 사이에 있는 산의 높이가 133미터인데 앞산이 이미 비행고도 제한을 넘어버렸으니, 그 뒤에 100미터짜리 골리앗 크레인을 설치하는 게 무슨 문제가 있느냐는 이야기였다. 게다가 그런 제한에도 불구하고 현대삼호중공업에는 이미 골리앗 크레인 두 대와 67미터짜리 크레인 한 대가 있었다. 규제와 현실 사이에 모순이 존재했던 셈이다.

문제 해결을 위한 노력이 없었던 것은 아니다.

"전례가 있지 않습니까. 이미 고도 제한과 상관없이 크레인을 설치했는데 왜 새로 설치가 안 된다는 겁니까?"

"그때도 안 되는 걸 억지로 허가해준 거예요. 또 다시 법을 어겨가며 무리하게 허가를 할 수는 없습니다."

관련 부처의 끊임없는 요구에도 불구하고 국방부는 '절대 불가' 입장을 고집했다. 그러는 동안 건의와 이첩이 청와대, 총리실 소관부처로 왕복되면서 7년이라는 긴 시간이 흘렀고 그 건이 결국 내 손에 들어오게 된 것이다.

내가 보기에는 현대삼호중공업의 요구대로 규제를 풀어주는 것이 맞았다. 조선업은 다른 산업과는 달리 고용효과가 아주 크다. 골리앗 크레인 하나를 설치함으로써 9,000개의 일자리가 생기고, 5년 동안 5조 원가량 생산량이 증가한다고 했다. 그렇게 파급효과가 크다면 어떻게든 해결해야 옳다는 생각이 들었다.

과거, 김종서 장군이 4군6진을 개척하고 왔을 때 세종대왕은 '경이 있고 내가 있으니 가능했다'고 말했다. 그 일화를 떠올리며 나는 김 과장에게 말했다.

"이런 일은 당연히 해줘야지. 김 과장이 있고 내가 있으니 할 수 있다. 어디 해보자."

그때부터 골리앗 크레인을 설치하기 위한 방안을 찾기 시작했다. 가장 먼저 주목한 것은 차폐이론이었다. 차폐이론이란, 비행장 주변에 있는 가장 높은 영구적 장애물의 그림자가 덮을 수 있는 높이까지는 건축을 허용한다는 이론이다.

차폐이론을 적용하면 이미 목포 비행장 앞에 있는 산이 133미터이니 그 뒤에 100미터 골리앗 크레인을 설치하는 건 아무런 문제가 되지 않았다. 하지만 그 시도는 허사로 끝나고 말았다. 일반 공항이 아닌 군용 공항이기에 차폐이론의 적용을 받아들일 수 없다며 국방부가 결사반대한 것이다.

고도 제한의 등급을 조금만 낮추자는 건의도 묵살되었다. 그 요구를 받아들일 경우 비슷한 문제를 안고 있는 전국의 군용 공항이 곤란한 상황에 처한다는 이유에서였다.

정말 입이 아프도록 설득을 했다. 당시 건교부, 국방부 차관부터 실무자까지 관계부처와 전화통화한 것만도 수백 통이 넘을 것이다. 나는 나대로, 장관은 장관끼리, 차관은 차관끼리 수없이 회의를 했다. 당사자인 현대삼호중공업은 물론 지역경제를 책임지고 있는 전남도지사까지 적극적으로 도움을 호소했지만 국방부의 고집을 꺾지 못했다. 국방부의 주장과 입장은 나름 일리가 있었고, 틀렸다며 몰아붙이기만 할 사안은 아니었다.

하지만 뜻이 있는 곳에 길이 있는 법이다. 포기하지 않고 끝까지 방법을 찾으니 해결의 실마리가 보이기 시작했다. 당시 목포공항 옆에는 무안공항이 준공 직전이었다. 국방부에 목포공항 대신 무안공항을 쓰라고 제안했다. 국방부의 반응은 나쁘지 않았다.

하지만 이번엔 국토부가 반발했다. 애초에 민간 공항으로 만들었고 군용 공항 역할을 하려면 별도로 격납고와 정비부대, 관제탑을 두어야 하는데, 그렇게 하면 중국 관광객을 유치하는 데 문제가 있다는 주장이었다.

이번엔 건교부를 설득했다. 중국 관광객이 혐오감을 갖지 않도록 정비는 포항공항이나 제주공항에서 하고, 격납고만 무안공항에 두겠다고 약속했다. 그 제안은 어렵게 국토부의 동의를 이끌어냈다. 군용 공항의 기능을 다른 공항으로 넘겨줌으로써 목포공항은 헬리콥터 전용 공항으로 용도를 바꾸었다. 덕분에 목포공항 주변의 고도 제한을 모두 풀 수 있었다.

현대삼호중공업 측은 환호했다. 골리앗 1기만 더 설치할 수 있게 해 달라고 했는데 아예 고도 제한을 풀어버렸으니 천군만마를 얻은 기분이지 않았을까. 그 조치 덕분에 그들은 아무 걱정 없이 자유롭게 시설 확충을 할 수 있게 되었고, 그것은 기업의 역량을 배가하는 더없는 호재였다.

혜택은 현대삼호중공업만 본 것이 아니다. 옆에 자리한 대불공단 역시 45미터 고도 제한에 걸려 공장을 짓는 데 어려움이 많았다. 따라서 대불공단 측도 고도 제한 걱정 없이 높은 빌딩을 지을 수 있게 되었다며 환호했다.

어디 그뿐인가, 2004년 목포항의 부담을 덜어주기 위해 신설한 목포신항도 물량이 점점 늘어나면서 골리앗 크레인이 필요한 상황이었다. 그동안 고도 제한에 묶여 시설 확충을 하지 못하던 터에 그런 호재가 생겼으니 일석이조가 따로 없었다.

고도 제한이라는 하나의 규제를 푸는 것으로 목포 시내 전체에 미친 경제적 파급효과는 그야말로 기대 이상이었다.

어렵게 규제를 풀기로 합의한 후 총리와 관계장관들을 모시고 목포로 내려갔다. 목포의 오랜 숙원을 푼 것이나 마찬가지여서 언론에서는 서로 앞을 다투어 대서특필했다. 목포 현장에서 규제개혁장관회의를 하고 의결을 했는데 그때의 감격을 지금도 잊을 수가 없다.

아무도 해결하지 못해 7년을 끌어왔던 문제를 풀어내면서 '해결사'라는 별명은 더욱 공고해졌다. 해결하겠다는 마음으로 덤벼들어 해결하지 못할 문제는 없다. 나는 지금껏 옳다고 생각하면 어떻게든 다 해냈다. 특별한 능력이 있어서가 아니라 해결책을 찾을 때까지 포기하지 않았기 때문이다.

세상에는 분명 인간의 힘으로 불가능한 일이 존재한다. 하지만 우리가 불가능하다고 믿는 대부분의 일은 너무 이른 포기에서 비롯된다. 할 수 없다는 선입견이, 두려움이 가능을 불가능으로 만드는 것이다.

반면, 하고자 하는 의지와 할 수 있다는 믿음은 때로 불가능을 가능으로 만들기도 한다. 세상에 어려운 일은 있어도 안 되는 일은 없다. 안 되면 되게 하라. 나의 소신이자 행동지침이다.

원숭이 사냥법

'하나와 둘 가운데 무엇이 더 크지?' 가장 기초적인 수학이다. 결과가 명백하게 정해져 있는데 혹시 다른 행동을 한 경우는 없는가? 사소한 것에 집착해 정말 중요한 큰 것을 잃지 않기를 나 자신에게, 그리고 여러분에게 다시 한 번 당부한다.

정권이 바뀔 때마다 신문이나 방송을 떠들썩하게 하는 뉴스는 단연 비리에 연루된 공직자들 이야기다. 평소 목에 힘 좀 주고 다니던 정치인들이 고개를 푹 숙이고 플래시 세례를 받는 모습을 보면서 사람들은 보통 두 가지의 감정을 느낀다.

하나는 그런 부패한 이들에게 나라 살림을 맡기고 있었다는 데서 오는 허탈감과 분노이고, 다른 하나는 속을 시원하게 하는 쾌감이다. 가령 '국민을 우습게 보더니 꼴 좋군. 어때, 정신이 번쩍 들지?' 같은 통쾌한 감정 말이다.

권불십년(權不十年) 혹은 화무십일홍(花無十日紅)처럼 권력의 한시성을 경고하는 말들은 어제 오늘 있었던 게 아니다. 그런데도 권력자들은 늘 같은 실수를 반복한다. 그 높은 자리까지 올랐을 때는 나름대로 수재로 불리거나 남들이 갖지 못한 재능을 가졌을 텐데, 어째서 뻔히 결과가 보이는 함정에 빠지는 걸까.

아무래도 탐욕은 우리가 생각하는 것 이상으로 강렬한 인간의 본성인가 보다. 탐욕에 관한 기록은 성서의 창세기에서부터 발견되지 않는가. 인간은 누구나 더 좋은 것을 입고, 마시고, 향유하고 싶어 하는데 그 탐욕이 바로 갈등의 원인이 된다.

그러고 보면 남녀의 사랑 역시 탐욕과 유사한 속성을 가진다. 눈이 멀고 귀가 머는 것은 물론, 끝없이 갈증을 느낀다. 끝이라고 정해진 표지는 애초부터 존재하지 않는다. 파탄에 이르렀을 때 비로소 끝이 정해질 뿐이다.

이처럼 탐욕의 유혹에서 벗어나기는 매우 어렵지만, 무엇을 탐할 것인가는 선택할 수 있지 않을까? 그리고 그 선택에 의해 인생이 달라질 수도 있지 않을까?

높이 오르려 하면 할수록 자신을 엄격하게 관리하고 빌미가 될 수 있는 오점을 남기지 않아야 한다. 언젠가 나는 그 문제와 관련해 모 지방지에 칼럼을 쓴 적이 있다.

칼럼의 소재는 원숭이 사냥법으로, 장쓰안의 책 《평상심》에 수록된 내용을 인용한 것이었다.

인도의 열대림에는 원숭이를 잡는 아주 쉽고도 특이한 방법이 있다. 작은 나무상자에 원숭이 손이 들어갈 만큼의 작은 구멍을 뚫은 다음 원숭이가 좋아하는 견과류를 넣어두는 것이다.

그러면 그것을 꺼내려고 구멍에 손을 넣은 원숭이는 끝내 구멍 밖으로 손을 빼내지 못한다. 욕심 때문에 견과류를 움켜쥔 주먹을 펴지 않기 때문이다.

결국 원숭이는 그 상태로 사람에게 붙잡히는데, 이것은 한줌의 견과류와 자신의 운명을 맞바꾸는 어리석은 짓이다.

내가 그 사냥법에 대해 알게 된 것은 아침편지문화재단의 이사장 고도원 씨의 글을 통해서였다. 소개된 원숭이 사냥법을 읽을 때까지만 해도 나는 그저 원숭이의 미련함을 비웃고 있었다. 그런데 그 다음에 이어진 고도원 씨의 촌평을 듣고 나는 충격에 빠졌다.

'원숭이를 비웃을 일이 아닙니다. 우리도 때때로 똑같은 어리석음을 저지릅니다. 아무것도 아닌 것을 움켜쥔 채 끝내 손을 펴지 않아 나락으로 구르는 경우가 참으로 많습니다.'

마치 망치로 뒤통수를 얻어맞은 듯했다. 과연 나는 원숭이와 같은 선택과 행동을 한 적이 없는가. 작고 시소한 일에 매달려 더 큰 것을 놓친 적은 없는가. 한동안 자문했다.

우리는 누구나 작은 유혹에도 흔들릴 수 있다. 그럴 때 잠시, 아주 잠시만 시간을 갖고 생각해보자.

'하나와 둘 가운데 무엇이 더 크지?'

가장 기초적인 수학이며 너무나 명확한 계산이다. 하지만 실제 생활에서 하나를 위해 둘 아니 백, 천을 포기하는 일은 없는가? 사소한 것에 집착해 정말 중요한 큰 것을 잃지 않기를 나 자신에게, 그리고 여러분에게 다시 한 번 당부한다.

다섯,
시 읊는 CEO

주식시장과
인력시장

전기안전공사가 추구하는 지상목표는 사람의 안전과 편의다. 그 목표를 이루기 위해서 나는 우리 직원들을 주식시장형 인사시스템이라는 살벌한 경쟁구도 위에 올려놓은 셈이다. 나는 이 제도가 흔들리지 않도록 끝까지 지키고 나아갈 것이다. 그리고 이를 흔들리지 않는 문화로 정착시키는 것이 나의 책임이다.

"항상 갈망하라, 우직하게 나아가라(Stay Hungry, Stay Foolish).
저는 자신에게도 항상 그러기를 바랐습니다. 그리고 지금, 새로운 시작을 위해 졸업식을 치르는 여러분에게 같은 소망을 가집니다."

스티브 잡스의 스탠퍼드 대학 졸업 연설은 이렇게 끝을 향해 간다.
그의 연설로 인해 우리에겐 생소했던 책 《지구백과》의 가치가 재조명되었고, 한평생 그 책에 공헌했던 이들의 마지막 인사말이 빛을 보게 되었다.

이제는 너무나 유명해진 스티브 잡스의 연설문을 보면서, 나도 저런 멋진 인사나 축사를 할 수 있었으면 하고 생각한 적이 있다. 하지만 모든 사람이 그렇게 멋진 축사를 할 수는 없는 일. 그러니 그저 솔직한 마음을 전할 수 있는 인사를 하자며 마음을 비웠다.

그랬던 마음이 한국전기안전공사 사장 취임을 앞두고 조금 흔들렸다. 이왕이면 더 멋지고 그럴 듯한 취임사로 대중 앞에 서고 싶었다. 그래서 회사에서 준비해 온 취임사 안을 버리고 몇날 며칠 고심하며 장문의 취임사를 다시 썼다. 그런대로 멋진 표현도 있었고, 글의 구성도 나쁘지 않았다.

하지만 다시 읽어보니 '이건 너무 긴 것 같다'거나, '정작 중요한 말이 빠진 느낌이다'라는 생각이 들기 시작했다. 정작 해야 할 말 대신 그 말을 포장하는 말들로 가득 차 버린 것이다.

결국 나는 취임사를 다시 작성했다. 이번엔 그저 꼭 필요한 말을, 지킬 수 있는 약속을 하리라 마음먹었다. 사장으로서 회사가 발전하는 데 필요한 것이 무엇인지를 말하기로 결정한 것이다. 덕분에 내 취임사는 투박하며 건조하기까지 했다. 그럼에도 불구하고 나는 그 취임사가 마음에 들었다.

"열심히 일하는 사람이 공정하게 보상받는 시스템을 만들겠습니다."

흔한 말이고, 누구든 쉽게 할 수 있는 말이다. 하지만 그 단순한 말 속에는 조직을 지탱하고 발전시키는 모든 것이 들어있다. '사람'이 있고 '시스템'이 있는 것이다.

사람의 능력은 모두 똑같지 않다. 누군가는 평균 이상의 재능을 타고 나고, 누군가는 그렇지 못하다. 선천적으로 잘난 사람도 있고 못난 사람도 있다는 의미. 이처럼 타고난 능력치를 뛰어넘을 수 있는 게 노력이다. 계속 노력하다 보면 없던 능력도 생긴다. 조직을 이끌어가는 이들은 그렇게 무에서 유를 창조하는 사람들이다.

공직 시절 나는 두 가지를 극도로 경계했다. 하나는 조직 전반에 만연한 매너리즘이었고 다른 하나는 학연과 지연으로 형성되는 파벌이었다. 그 두 가지는 공무원 조직뿐 아니라 한국 사회 전체를 갉아먹는 고질적인 병폐였다.

내가 어떠한 위치에 있건 끊이지 않고 경험한 것이 바로 '누구누구를 데려다 쓰라'는 인사청탁이었다. 일단 그런 청탁이 압력으로 받아들여지면 쓸 사람도 쓰지 않았다. 외부의 압력을 받으면서 소신을 지키기는 어렵기 때문이다.

비록 화려한 배경을 가지고 있지 않더라도 일 잘하는 사람, 함께 일하고 싶은 사람과 팀을 구성해야 성과를 이룰 수 있다. 덕분에 나는 일에 관한 한 최고치의 성과를 냈고 그 성과로 인정을 받았다.

한국전기안전공사의 수장으로서 내가 제일 먼저 추진한 것은 시스템의 개혁이었다. 누구나 열심히 일하게 하고 그 성과만큼 보상을 받는 조직이 되도록 하고자 했고, 그렇게 추진한 시스템 중 하나가 바로 인사에 시장원리를 적용한 주식시장형 인사시스템의 도입이다.

주식시장에는 블루칩이 있다. 안정적이고 투자 효과도 좋아 누구나 사고 싶어 하는 주식이다. 반대로 누구도 거들떠보지 않는 불량주식도 있다. 블루칩은 아무리 값이 비싸도 사고자 하는 사람이 많은 반면 불량주식은 가격을 내려도 구매 욕구를 불러일으키지 못한다. 시간이 갈수록 블루칩 가격은 올라가고, 불량주식의 가격은 더욱 떨어진다.

주식시장을 지배하는 이런 원리는 인사시스템에도 그대로 적용할 수 있다. 주식을 매수하듯 원하는 사람을 골라 팀을 구성하고 그 성과를 자신이 책임지도록 하는 시스템이 적용되면 인사에 잡음이 생기지 않는다. 또한 직원들은 자신의 몸값을 올려 블루칩이 되고자 노력하게 되므로 긍정적인 경쟁을 유발한다.

이러한 주식시장형 인사시스템에 착안한 것은 총리실 국장 시절, 총괄심의관으로 일할 때다. 총괄심의관은 말 그대로 조직 내의 모든 업무를 총괄하는 자리다. 뭐 하나 쉬운 게 없지만 그중에서도 제일 골치 아픈 게 '인사'였다.

인사철이 되면 '제발 그 사람만은 보내지 말아달라'며 꺼리는 사람이 몇 명씩은 꼭 있었다. 이른바 불량 직원이다. 일을 할 때마다 방해가 되므로 차라리 없는 게 속 편하다고 느껴지는 사람들.

공무원 사회에서 쫓겨날 일은 없을 테니 정년까지 버틴다는 각오로 어영부영 시간을 때운다. 이른바 철밥통 정신이다. 일반 국민의 입장에서 보자면 정말 얄미운 부류다.

인사권자에게 보고해 인사운영지침을 개정하였다. 도입 과정에서 공무원들의 반발이 상당히 거셌다. 하지만 일단 밀어붙이니 반발하던 사람들의 태도가 달라졌다.

매일 9시 5분에 나타나 증권 시세나 보고, 일을 시켜도 세월아 네월아 붙잡고 있던 사람이 8시에 출근해 눈에 불을 켜고 할 일을 찾았다. 그게 주식시장형 인사시스템의 효과였다. 그 효과를 경험했기에 나는 과감하게 우리 공사의 인사시스템을 개혁했다. 주식시장형 인사시스템이야말로 어떤 제도나 기준보다 직원들의 성과를 정확히 파악할 수 있는 방법이라는 믿음은 지금도 변함이 없다.

주식시장형 인사시스템은 블루칩에게는 더 많은 기회를 주고, 불량주식에게는 스스로 각성하고 발전할 수 있는 기회를 준다는 점에서 아주 매력적이다.

인사 부서에서 직원들을 일일이 평가하고 제대로 배치하는 데는 한계가 있다. 하지만 각 직급별로 함께 일하고 싶은 부하 직원을 고를 수 있게 하면 모든 문제가 간단히 해결된다. 사장은 임원을 선택하고, 임원은 처장을 선택하고, 처장은 부장을 선택하도록 권한을 주면 좋은 사람을 데려가기 위해 알아서 경쟁한다.

아무도 데려가려 하지 않는 불량주식은 특별 관리에 들어간다. 똑같은 상황이 3회 반복되면 석 달 동안 능력 개발 및 태도 개선을 위한 기회를 주고, 그 뒤 개선이 안 되면 직권면직한다.

또한 이 제도는 인사운영의 이상으로 여기는 '적재적소' 인사를 가능케 한다. 흔히 인사기록카드에 적힌 경력을 바탕으로 인사운영안을 구성하지만 그 기록은 그 사람의 능력 여부와 적합성을 보증해주지는 못한다. 과거 그 자리에서 부적격자였던 사람일지라도 어느 직위에서 언제부터 언제까지 근무했다는 인사기록카드는 그런 정보를 제공해주지 못하기 때문이다. 오히려 각부서의 책임자가 자기 부서의 적임자를 수소문해 찾아내도록 하는 시장시스템이 인력시장에서도 최적의 결과를 가져오게 되는 것이다.

이런 지적이 있을 수도 있겠다. 어떻게 사람을 주식으로 비유할 수 있는가. 아무리 조직사회라지만 그것은 너무 살벌한 시스템이 아닌가.

맞는 말이다. 하지만 잊지 않아야 할 게 있다. 공기업은 특정한 개인이 아닌 국민 모두를 위해 존재한다는 사실이다. 어제 한 일을 오늘도 하고, 내일도 그대로 하겠다는 안이한 사고는 공사 직원이 지녀선 안 되는 첫 번째 항목이라 할 수 있다. 그야말로 '철밥통에 길든 밥통들의 생각일 뿐이다. 오늘은 오늘에 걸맞게, 내일은 또 내일에 걸맞은 일을 찾아내고 그것을 추진하는 것이 사장으로서의 내 역할이다.

이 제도가 성공하도록 하기 위해서 가장 중요한 것은 '시장기능'이 제대로 작동되어야 한다는 것이다. 즉 시장교란행위로 인한 시장의 실패를 막아야 하는 것인데, 이때 시장교란행위는 정실인사와 청탁인사라고 할 수 있다.

내부적으로는 자신도 평가 대상이 되는 선택자들이 최선의 선택을 하도록 보장해주고, 일탈의 위험성을 감시하면 그만이지만 가장 큰 위협은 외부 유력자를 통한 청탁이다. 한 사람의 인사가 청탁으로 처리될 경우 전체 인사가 연쇄적으로 영향을 받아 시장기능이 교란되는 것이다.

또한 이렇게 되면 자신의 자리에서 열심히 일한 사람을 바보로 만드는 셈이 된다. 모두 열심히 일하기보다 유력자를 찾아다니며 청탁을 하는 길이 빠르고 효과적이라는 인식을 가져올 것이기 때문이다.

나는 사장 취임과 동시에 인사 청탁 금지와 청탁 시 불이익을 부여하는 방침을 공표했다. 청탁자는 명부에 등재하여 관리하겠다고 선언했으며 지금까지 철저히 이를 지켜오고 있다. 직원들도 처음에는 반신반의했지만 지금은 이를 믿고 따르고 있다.

취임 초 중요 승진 인사 결정을 앞두었을 때 나로서는 거절하기 곤란한 인사 청탁이 있었다. 훌륭한 직원이었기에 승진대상으로 손색이 없었으나 나는 그를 과감히 탈락시켰다. 유사한 사례가 한두 번 더 있고 나서는 내게 청탁을 하는 사람이 없어졌다. 그러자 인사 때마다 있어왔던 각종 의혹과 추측, 불미스러운 잡음들은 말끔히 사라졌다. 오직 자신의 능력과 노력에 대한 공정한 평가와 합당한 보상을 기대할 뿐이다.

전기안전공사가 추구하는 지상목표는 사람의 안전과 편의다. 그 목표를 이루기 위해서 나는 우리 직원들을 주식시장형 인사시스템이라는 살벌한 경쟁 구도 위에 올려놓은 셈이다. 나는 이 제도가 흔들리지 않도록 끝까지 지키고 나아갈 것이다. 그리고 이를 흔들리지 않는 문화로 정착시키는 것이 나의 바람이다.

그리하여 스티브 잡스의 소망처럼 우리 공사 직원들도 모두가 항상 자신과 공사의 발전을 위해 갈망하고 노력하는 사람들이 되기를 기대해본다.

1번 독수리, 낙하 준비 끝

우리 앞에는 거대한 파도가 몰아치고 있다. 그 파도에 맞서 KESCO호를 구할 수 있는 방법은 오직 하나다. 결코 꺾이지 않으리라는 자신감. 그리고 한마음으로 뭉쳐 그 파도를 헤쳐나가리라는 굳건한 의지.

    CEO로서 내가 강조하고 원하는 것은 두 가지다. 첫째, 직원이 마음으로부터 따를 수 있는 리더가 되는 것, 즉 심열성복(心悅誠服; 마음으로부터 기뻐하며 성심껏 따름) 할 수 있는 리더가 되는 것이다. 둘째, 업무의 효율만을 따지는 게 아니라 공사가 나아갈 길과 직원들이 나아갈 길을 올바로 제시하는 리더가 되는 것이다.

    이 두 가지 조건을 갖추기 위해 무엇보다 필요한 것은 사람과 사람 사이의 정에서 비롯된 신뢰다. 그리고 그 신뢰를 형성하기 위해 필요한 것은 만남이다.

    나는 회식이 있을 때마다 그 장소와 상황에 걸맞은 건배사를 만들어내곤 하는데, 유독 하나만은 반복해서 즐겨 쓰고 있다. 그게 바로 '우문현답'이다. 물론 '우문현답'이 곧 '愚問賢答'을 의미하는 것은 아니다.

'**우리의 문제는 현장에 답**이 있다.'

현장에서 우리에게 필요한 답을 찾자는 것이 '우문현답'의 속뜻이다.

현장의 중요성은 아무리 강조해도 지나치지 않다. 취임하자마자 내가 가장 공을 들인 것이 현장 체험이다. 신임 업무 보고도 현장체험을 하고 난 후 받았다. 이후 나는 전국 60여 개의 사업소를 빠짐없이 방문하며 현장 직원들과 무릎 간담회를 가졌다.

무릎을 맞대고 앉아 그들의 눈을 바라보고 반갑게 통성명을 하고, 현장을 뛰는 직원들만이 알 수 있는 애환과 그들의 경험에서 우러나온 소중한 건의를 들었다.

인사에도 현장의 의견을 적극 반영한다. 주식시장형 인사시스템을 도입해 직원들이 현장에서부터 인정받는 시스템을 구축한 것은 물론 현장과 관련된 정보들을 다양한 경로로 청취하고 있다. 덕분에 나는 각 사업소의 상황을 한눈에 파악할 수 있게 되었다. 대체 내가 어떻게 현장 사정을 그토록 소상히 알고 있는지 간부 직원들이 궁금해 할 정도다.

현장을 최우선으로 생각하는 이유는 간단하다. 현장 사정을 잘 모른 채 추진하는 정책은 모래 위에 지어진 집과 같다. 제아무리 화려하게 치장한다 해도 작은 난관에 허무하게 무너질 수 있다. 그것은 숱한 혈세와 소중한 인력을 낭비하는 큰 죄다. 그렇기에 나는 언제나 현장에서 답을 찾고자 한다.

내가 현장을 찾는 또 하나의 이유는 직원들을 우물 밖으로 나오게 만들기 위해서다. 사회의 변화 속도에 맞추어서, 나쁜 관행이나 습성은 과감하게 버리고 앞으로 우리 공사가 나아갈 방향을 제시해야 한다.

직원을 대상으로 한 특강이 있을 때마다 나는 두 가지를 빼놓지 않고 강조한다.

첫째, 먼저 보고 넓게 보고 깊이 생각하라.

시야를 넓혀 세상의 변화를 보고 먼저 대응하도록 하자는 것이다.

둘째, '내일 경영' 즉, 'My work'와 'Tomorrow'를 제대로 경영하는 것이다. 내가 맡은 일(My work)을 정말 내 일처럼 한다면 내일(Tomorrow)이 열린다는 의미다.

자랑일 수도 있지만, 나는 내가 맡은 일을 할 때 늘 한 가지를 다짐한다. 만약 내 개인 사업을 할 때도 이렇게 열심히 할 수 있을까 하는 생각이 들 만큼 열심히 하자는 것이다.

더욱 중요한 것은 이런 다짐과 생각을 직원들과 공유하는 것이다. 제아무리 좋은 생각과 방향도 직원들의 공감을 이끌어내지 못하면 실패할 수밖에 없다. 함께 생각하고 함께 바라보는 것, 그것이야말로 조직을 굳건히 하는 바탕이다.

나는 취임 직후부터 상하 직원들을 직접 만나고 대화하면서 그들이 가지고 있는 현실인식에 전율했다. 법적으로 보장된 일을 안정적으로 수행하고 있는 그들에게 우물 밖 세상은 전혀 보이지 않는다는 것을 발견했기 때문이다. 급변하는 경영환경을 헤쳐나가기 위해서는 먼저 밖으로 눈을 뜨고 안으로는 단단해지고 뭉쳐야 한다고 생각했다.

2012년 3월, 내일경영 워크숍의 1차 프로그램으로 2급 이상 고위 간부 및 사업소장들과 함께 해병대 체험에 과감히 도전했다. 나약한 사람도 한없이 강해지고 부러지지 않는 사람을 만드는 해병대 체험장에서 우리가 얻어 갈 것은 단 하나였다.

"신입직원들을 리드해 나가야 할 간부직원으로서, 육체와 정신을 무장하고 일치단결하여 한마음으로 이 어려운 상황을 이겨나갑시다. 오늘, 훈련에 임하면서 우리 직원들의 목소리와 눈빛 하나하나가 우리의 미래를 확인하는 장이 되기를 바랍니다."

나는 믿었다. 훈련이 끝난 후, 미래에 대한 우리의 결의는 더욱 단단해질 것이라고.

입소식을 마친 후, 본격적인 훈련에 돌입했다. 훈련장의 온도는 섭씨 7도였지만, 옷 틈 사이로 새어 들어오는 바닷바람에 봄을 느끼기에는 한참이나 추운 날씨였다. 하지만 75킬로그램 가량의 보트를 머리에 인 채 서해바다를 향해 함성을 내지르는 간부들의 모습 속에 날씨 따위는 아무 문제도 되지 않는 듯 보였다.

나 역시 참가자들과 함께 모든 훈련을 받았다. 한층 더 강해질 KESCO(한국전기안전공사)를 만들어 나갈 수 있다는 기대감에 차가운 바닷물도 무거운 보트를 이고 가는 행군훈련도 전혀 두렵지 않았다.

해병대 훈련의 강도는 일반 훈련과는 사뭇 달랐다. 제식훈련부터 실전을 방불케 하는 상륙보트 훈련까지, 쉰이 넘는 나이 탓으로 힘에 부치는 모습들이 초반에 많이 띄었지만 훈련이 진행될수록 웬만한 예비군보다 재빠른 동작들을 보여주며 교관들을 놀라게 하기도 했다. 이튿날 훈련을 마치고, 참가자 중 가장 젊은 강대철 충주음성지사장이 내게 말했다.

"힘이 들긴 한데, 선배님들과 육체적으로 함께 어려움을 겪고 있으니 어떤 어려움이 닥쳐도 헤쳐 나갈 수 있으리라는 자신감을 얻게 되었습니다."

살을 맞대고, 어깨동무를 하며 훈련이라는 힘든 과정을 함께 겪고 극복해 나가는 직원들의 얼굴에서 결연함과 자신감을 엿볼 수 있었다. 함께 흘리는 구슬땀을 보며 발견한 '하나 된 KESCO' 그리고 '강한 KESCO'의 가능성은 앞으로의 행보에 원동력이 될 것임이 분명했다.

해병대 체험 넉 달 후, '자신감 회복'이라는 목표에 두 번째 병영체험을 기획했다. 해병대 체험에 참여하지 않은 나머지 간부들이 충북 증평의 흑표부대, 즉 제13공수특전여단의 병영체험에 참가한 것이다. 우리에게 주어진 지상과제는 아주 명징했다.

'거친 풍랑 속에서 표류하고 있는 KESCO호를 구하라!'

무한 경쟁 시대를 살아가는 우리에게 있어 모든 시간은 위기의 시간이다. 최근의 경영환경은 더욱 그렇다. 급변하는 세계정세와 경영환경에서 우리는 절박함을 느껴야 한다. 공사라는 특수성 때문에 경쟁에 무감해진다면 우리가 승선한 KESCO호는 좌초할 수밖에 없다.

사실 우리 공사의 임직원들은 꽤 오랜 시간 동안 타성에 젖어 정부와 법령이 보장하는 일을 반복적으로 수행하는 것에만 의존해왔다. 그런 피동적이고 나태한 업무 행태를 질타하기 위해 준비한 것이 바로 특전사 훈련이었다.

본격적인 훈련에 돌입하기에 앞서 나는 특강을 열고 병영체험에서 우리가 얻어가야 할 것을 명확하게 인식시켰다.

"38년 동안 이어져 왔던 관행에서 우리가 벗어던져야 할 것과 반드시 이루어내야 할 일을 곰곰이 생각해보고, 세계와 우리 국민이 이 시대에 요구하는 일들이 무엇인지 고민해보아야 한다는 것. 오늘의 병영체험은 바로 그러한 상황 인식을 위한 자리이며 그 어떤 것도 우리는 극복할 수 있다는 자신감을 회복하는 시간이 되어야 합니다."

나는 강조했다. "세상에 어려운 일은 있어도, 안 되는 일은 없다"고. 때마침 흑표부대 구호가 내 말에 힘을 실어주었다.

'안 되면 되게 하라.'

우리 앞에는 거대한 파도가 몰아치고 있다. 그 파도에 맞서 KESCO호를 구할 수 있는 방법은 오직 하나다. 결코 꺾이지 않으리라는 자신감, 그리고 한마음으로 뭉쳐 그 파도를 헤쳐나가리라는 굳건한 의지.

하지만 그것은 특강을 통해 강요한다고 해서 주어지는 것이 아니다. 병영체험에 참여한 200여 명의 간부들 앞에서 내가 솔선수범할 때, 그들과 함께 진창을 구르고 뛰며 같이 땀 흘리는 모습을 보일 때 비로소 공감을 이끌어낼 수 있다.

훈련 이틀째, 공수 낙하 훈련. 나는 인간의 공포심이 가장 극대화된다는 11미터 높이의 헬기 낙하 훈련 모형탑 위에 섰다. 낙하지점은 50미터 저 너머. 대한민국 육군 병장 출신으로서 이미 한 번 받아본 훈련이었지만 그 위에 서자 머리끝이 쭈뼛 섰다.

그러나 훈련장에 모인 간부들의 시선이 나 한 사람에게 꽂혀 있음을 알기에 나는 흔들리는 모습을 보일 수 없었다.

'그래, 나는 위기에 빠진 KESCO호의 선장이다! 저들과 운명을 함께할 CEO다.'

그 짧은 순간, 내 머릿속으로 참 많은 생각이 스쳐갔다. 그동안 두렵고 어려운 상황 속에서 포기하고 싶은 순간들이 얼마나 많았던가. 하지만 나는 그 모든 두려움을 이겨내며 오늘에 이르렀다. 11미터의 높이가 주는 그깟 두려움에 흔들릴 수 없었다.

도르래에 의지해 몸을 맡긴 채 나는 큰 소리로 구호를 외쳤다.

"일번 독수리, 낙하 준비 끝!"

"낙하!"

"케스코 만세!"

저 멀리 허공을 향해 소리치며 몸을 날렸다.

강철 도하선과 마찰하는 도르래 소리. 거세게 얼굴을 때리는 빗줄기를 맞으며 나는 환하게 웃었다.

지금도 내 집무실 입구에는 흑표부대와 함께한 공수낙하훈련의 사진이 크게 걸려 있다. 그 사진을 대할 때마다 나는 알 수 없는 자부심을 느낀다. 비록 짧은 시간이지만 우리 임직원들은 위기 앞에서 하나가 되는 경험을 하지 않았던가. 그 순간의 기억을 잊지 않는 한 나는 그리고 우리는 어떤 어려움도 헤쳐나갈 수 있을 것이다.

고객감동

상대방 입장에서 생각하는 것은 상대방만 이롭게 하는 일이 아니다. 작은 배려와 노력으로 감동받은 사람은 든든한 내 편이 된다. 내 편이 많을수록 더 멀리, 더 높이 날 수 있음을 잊지 말아야 한다.

한국전기안전공사의 정체성을 이야기할 때 내가 빼놓지 않는 개념은 서비스다. 취임 이후 내가 직원들에게 가장 많이 강조한 말은 '고객감동'과 '수요자 중심 사고'이다.

나는 양질의 공공 서비스를 바라는 국민들에게 감동을 주기 위해 공기업 특유의 정체되고 경직된 기업문화를 진취적이고 생동감 넘치는 분위기로 바꾸기 위해 힘써 왔다.

공사의 입장에서 볼 때 국민은 소중한 고객이다. 고객만족은 고객이 기대한 만큼 충족시켜주었을 때 가능한 것이지만 이는 당연한 일일 뿐이지 자랑거리라고 할 수 없다. 우리는 고객을 감동시켜야 한다.

사실, 만족과 감동의 차이는 생각보다 크지 않다. 수요자인 상대방 입장에서 생각해보면 더욱 간단하다. 뭔가 상대방이 기대했던 것보다 엄청나게 많은 것을 주어야 감동하는 것이 아니다. 상대방이 열 개를 받을 거라 기대했다면 거기에 한 개만 더 주어도 감동을 이끌어낼 수 있다. 반대로 열 개에서 한 개만 모자라도 상대방은 실망한다.

그것은 비단 서비스 종사자와 고객 사이에만 적용되는 것이 아니다. 내가 대하는 모든 사람이 나의 고객이 되는 것이다. 직장 상사와 부하 직원 사이에서도 똑같은 고객논리가 적용된다. 직원이 상사의 마음을 얻는 방법은 간단하다. 상사가 기대했던 것보다 조금 더 보여주면 된다.

상사가 부하 직원을 불러 지시할 때 그의 머릿속에는 이미 대략의 그림이 그려진 상태다. 예를 들어, 상사가 다섯 가지의 요소를 기대하고 있다고 가정하자. 열심히 지시한 사항을 처리해 보고서를 만들어 갔을 때 상사가 그리고 있던 다섯 가지 요소가 다 들어 있으면, '음 그래 수고했네'라며 만족한다. 하지만 감동은 없다. 예상했던 대로이므로 당연하게 생각할 뿐이다.

그런데 다섯 가지 외에 한 가지를 더 추가해서 보고하면 상사의 반응이 달라진다. 보고서를 죽 읽어보다가 자신이 미처 예상하지 못했던 부분을 발견하고, '어 그래, 이런 것도 있었구나. 자네 참 잘했네. 대단해'라고 감동한다.

반면 예상했던 다섯 가지도 채우지 못할 경우 상사는 실망한다.
"기본적인 것들이 빠졌네. 이 사람아, 제대로 좀 생각해보고 일해."
상대방을 감동시키느냐 실망시키느냐는 이렇게 아주 작은 차이로 결정된다. 문제는 그렇게 작은 차이에서 비롯된 것이 이후 상대방과의 관계에서 절대적인 영향력을 발휘한다는 점이다. 반복되는 감동은 상대방이 나를 신뢰하게 만든다. 다섯 개를 원했을 때 다섯 개만 주었는데도 여섯 개를 받은 것처럼 감동하며 칭찬한다.

"어 그래, 이 친구는 완벽해. 무엇 하나 빠진 게 없어, 잘했어."

어쩌다 하나가 빠져도 실망하기보다는 걱정을 해준다.

"어이, 이런 것도 있는데, 자네 못 봤나? 자네, 이런 사람이 아닌데 요즘 무슨 고민 있어? 힘든 일 있으면 말하게."

하지만 몇 차례 거듭 실망을 안겨준 사람은 어지간한 노력으로는 상대방을 감동시키기 어렵다. 정말 열심히 일해서 여섯 개를 가져가도 심드렁한 반응을 보인다.

"자네가 웬일이야. 이런 것도 볼 줄 알고."

감동은커녕 의심의 눈초리를 보낸다. 그러다 다음에 다시 네 개를 가져가면 '그래. 저 친구가 하는 일이 그렇지'라며 굳게 마음을 닫는다.

이런 관계는 비단 직장 상사와 부하 직원, 서비스 종사자와 고객 관계에만 적용되는 것이 아니라 모든 인간관계에 적용될 수 있다. 그렇다면 그 차이는 어디에서 생기는 걸까. 단순한 능력의 차이일까?

물론 능력의 우열은 있을 수 있지만 그것보다 더 중요한 것은 배려다. 타인 혹은 조직을 위한 작은 배려가 그 사람을 성공으로 이끈다.

달리 말하자면 태도의 차이이기도 하다. 세상을 바라보는 시각이라고 할 수도 있다. 똑같은 눈으로 똑같은 세상을 바라보지만 저마다 각도는 다르게 마련이다. 그 각도의 차이는 그 사람이 살아가게 될 세상의 넓이를 결정짓는다. 누구는 세상 전체를 품고 누비게 되지만 또 다른 누군가는 평생 동안 아주 작은 울타리 안에 갇혀 지내게 된다. 그것이 태도의 무서움이다.

내가 마주하고 있는 모든 사람이 잠재적 고객이다. 그렇기에 늘 타인의 입장을 이해하고자 노력해야 한다. 수요자의 입장에서 보면 상대가 필요로 하는 것이 선명하게 보인다. 고객은 나에게 무엇을 바라고 있을까, 필요한 것은 무엇일까……. 수요자의 입장에서 먼저 생각해야 한다.

나름대로 연륜이 쌓이다 보니 조금만 지켜보면 그 사람의 그릇이 보인다. 큰 일을 할 사람, 무난하게 자기 역할을 하다가 무난하게 퇴직할 사람, 동기보다 처지다가 결국은 밀려나게 될 사람 등등.

하지만 정작 문제를 안고 있는 당사자는 잘 알아차리지 못한다. 그저 자기가 운이 없어서 혹은 배경이 없어서 타인보다 뒤처진다고 생각할 뿐이다.

한번은 가족과 함께 강원도의 어느 콘도로 휴가를 간 적이 있다. 생수를 사러 매점에 들어갔는데 비교적 넓은 공간에 비해 정작 물건은 많지 않았다. 마침 생수를 넣은 냉장고가 눈에 잘 띄지 않는 곳에 있었기에 우리는 생수를 찾기 위해 매점 내부를 한 바퀴 돌아야 했다.

"이 매점에서 가장 많이 팔리는 제품이 무엇이죠?"

생수를 사들고 매점을 나서며 나는 점원에게 물어보았다.

"생수가 가장 많이 나갑니다."

점원이 무심하게 대답했다.

"매장 내 물품 배치에 문제는 없나요? 지금 같은 여름철에 콘도에 온 사람들이 제일 많이 구입하는 게 생수일 텐데, 정작 생수는 매점에서 제일 구석 자리에 놓여 있더라고요. 가장 먼 곳에 진열되어 있어 찾기도 어렵고요."

"원래 그래요."

점원의 무심한 대답에 나는 던지듯 한 마디를 덧붙였다.

"내가 주인이라면 이 계산대 옆에 가까이 두었을 텐데……."

만약 그 매점이 대형 마트였다면 그 구조를 이해할 수도 있다. 필요한 생수를 찾는 과정에서 이런저런 물건들을 보고 구매욕을 느낄 수도 있으니까. 하지만 콘도의 매점처럼 꼭 필요한 물품만을 구비해야 하는 곳에서 그런 식의 배치는 매우 불합리하다.

실제로 내가 그 콘도의 주인이 아닌 게 매장 매니저에게는 참 다행스러운 일이었을 것이다. 아마도 나였더라면 그에게 시말서를 쓰게 했을 테니까. 서비스업에 종사하는 사람이 고객의 입장에서 고민하지 않는 것은 일종의 직무 유기다. 매장 매니저라면 당연히 손님들이 무슨 물건을 찾을지, 그것을 어떤 식으로 진열해야 할지 신중하게 고민해야 한다.

그런데 그 매점에선 그런 고민의 흔적을 찾을 수 없었다. 구비된 물품의 종류에도 의혹이 생겼다. 욕실 실내화처럼 도무지 콘도 이용객이 찾을 것 같지 않은 물건이 진열되어 있는가 하면, 정작 중요한 것은 눈에 띄지 않았다.

상대방의 입장을 생각하지 않고서는 감동을 줄 수 없다. 상대방의 입장에서 고민하고 노력하면 상대방이 원하는 것을 얼마든지 찾을 수 있다. 때로는 상대방 스스로도 인식하지 못하는 것까지 찾아낸다면 더 깊은 감동을 줄 수 있다.

상대방 입장에서 생각하는 것은 상대방만 이롭게 하는 일이 아니다. 작은 배려와 노력으로 감동받은 사람은 든든한 내 편이 된다.

내 편이 많을수록 더 멀리, 더 높이 날 수 있음을 잊지 말아야 한다.

가장 큰 '빽'은
자기 자신

진정한 '빽'은 그렇게 만들어지지 않는다. 비록 능력이 조금 부족하더라도 자신의 부족한 부분을 메우기 위해 열심히 노력할 때 비로소 그에게 성공의 길이 열린다. 사소한 단점은 노력에 의해 충분히 극복되어진다. 노력이 곧 능력이고, 세상에서 가장 든든한 '빽'이라는 의미다.

나는 남에게 모진 소리를 잘 하지 못한다. 부드러워 보이고 싶다는 욕심 때문인지 모르겠지만, 어쨌든 그렇다. 남에게 상처 줄 일이 드물어서 좋긴 한데 가끔은 그게 꼭 좋은 일만은 아니란 생각이 든다. 적절한 조언을 위해선 때로 따끔하고 냉정해야 할 필요가 있기 때문이다. 그래서 언제부터인가 신입사원들과 첫인사를 나눌 때 나는 제법 냉혹하게 들리는 말을 해준다.

"자네들 옆에 있는 동료가 나와 똑같다고 생각하지 말게."

지금은 동일선상에 서 있지만 앞으로 5년, 10년, 15년이 지나면 그들은 서로 다른 위치에 서게 된다. 나는 여기 서 있는데 저만치 멀리 서 있는 사람이 있을 수 있고, 아예 낙오되어 사라지는 사람도 생긴다. 슬픈 일이지만 그것이 조직의 생리다. 공조직이라고 해서 다를 바 없다. 때로는 더 냉정하고 가혹하다.

성공하고 싶다면 누구나 데려가고 싶어하는 인재가 되어야 한다. 즉, 앞서 말한 주식시장형 인사에서의 블루칩이 되어야 한다는 의미다. 그런데 간혹 자신이 가진 배경 흔히 말하는 빽을 이용하려는 이들이 있다.

나 역시 그런 청탁을 받아본 경험이 있다. 인사철을 앞둔 어느 날 지인으로부터 한 통의 전화가 걸려왔다. 자기가 잘 아는 사람이 이번 인사이동에 혜택을 받을 수 있게 해달라는 내용이었다.

그는 자기가 추천하고자 하는 인물이 얼마나 유능한지, 어떤 인간적인 매력을 가지고 있는지 꽤 오랫동안 설명했다. 나는 그 전화를 당장 끊고 싶었지만 인내심을 가지고 지인의 이야기를 들어주었다.

솔직히 말하자면 나는 전화를 건 그 지인에게 꽤나 실망하고 말았다. 평소 내가 얼마나 무능해 보였으면 그런 청탁을 했을까 반성하기도 했다. 적어도 나는 공사가 명확한 사람이라고 자평했고 다른 이들도 그 정도는 알고 있으리라 생각했던 것이다.

전화가 이어지는 동안 단호하게 그를 질책하고 싶었으나 한편으로는 그의 탓이 아니라 내 탓이라는 생각이 들었다. 평소 아쉬운 소리를 잘하지 못하는 그가 오죽하면 내게 전화를 걸어 이런 부탁을 할까 싶어 안타까운 마음까지 들었다.

지인의 이야기가 모두 끝난 뒤 나는 그저 '이야기하고자 하는 바를 잘 알았다'는 대답을 하고 전화를 끊었다. 그리고 그날 지인이 부탁한 인물의 직책과 이름을 수첩에 적어두었다.

　얼마 후, 본격적인 인사이동이 시작되었다. 평소의 지론대로 나는 철저하게 직원들의 능력에 맞게, 현장의 평가에 맞게 공정한 인사를 감행했다. 하지만 평소처럼 공평하지는 못했다. 지인을 통해 내게 청탁을 넣었던 직원에겐 철저하게 불이익을 준 것이다.

　이유는 간단했다. 직장 생활에 있어 내가 가장 질 나쁜 범죄로 치부하는 것이 바로 청탁이다. 청탁은 시스템을 망가뜨리는 결정적인 장애 요소다. 인사에서 가장 중요한 것은 필요한 인물을 필요한 자리에 쓰는 적재적소의 원칙이다.

　만약 잘못된 인물을 어울리지 않는 자리에 배치하면 그 조직은 심각한 몸살을 앓을 수밖에 없다. 마치 동그란 구멍에 억지로 삼각 막대를 끼운 것처럼 틈이 생기고 틀이 망가지게 된다.

　내가 청탁을 범죄라고까지 말하는 것은 그것이 가진 야비하고 치졸한 속성 때문이다. 아는 사람은 알겠지만, 청탁은 인간관계 혹은 유대감을 볼모로 한 협박이나 다름없다. 자신과 관계가 없는 사람에게 청탁을 하는 경우는 없다. 대부분 부탁을 거절하기 힘든 관계나 한두 가지 빚을 진 사람을 통해 청탁을 하게 마련이다.

　결국 자신의 이익을 위해 타인에게 큰 부담을 주는 게 청탁이라는 의미다. 그런 야비한 인물을 중용한다면 조직은 순식간에 혼탁해진다.

　어쨌거나 그 청탁 건은 그렇게 단호하게 마무리되었다. 재미있는 것은 내가 그 일을 입밖에 내지 않았음에도 어느 틈에 직장 내에 소문이

나게 되었다는 점이다. 그때 느낀 것이 세상에는 비밀이 없다는 점이다. 만약 내가 마음이 약해져서 지인의 부탁을 들어주었다면, 나는 두고두고 청탁을 받았다는 구설에 올랐을지도 모른다. 그렇게 생각하니 내 결정이 옳았다는 생각이 확고해졌다.

이후 비슷한 사례가 두세 번 더 있었다. 그때마다 나는 단호하게 청탁을 묵살했고, 그릇된 욕심으로 청탁을 했던 사람들은 모두 불이익을 받았다. 그제야 비로소 청탁 문화가 사라졌다.

때로 사람들은 자기가 지닌 '빽'도 실력이라고 믿는 것 같다. 그래서 업무에 충실하기보다는 힘 있는 사람들의 비위를 맞추고 옳지 않은 방법으로 환심을 사려고 한다. 하지만 그것은 근본적적으로 틀린 방식이다. 진정한 '빽'은 그렇게 만들어지지 않는다.

비록 능력이 조금 부족하더라도, 자신의 부족한 부분을 메우기 위해 열심히 노력할 때 비로소 그에게 성공의 길이 열린다.

남보다 자기 일에 더 집중하고 한 번 더 고민하다 보면 훨씬 좋은 대안이 보이고 좋은 결과를 가져오게 된다. 내 고객인 내 상사, 동료, 주변은 감동하게 되고 앞길에는 저절로 고속도로가 열린다. 노력이 곧 능력이고, 세상에서 가장 든든한 '빽'이라는 의미다. 나는 주식시장형 인사 시스템을 통해 이것을 제도적으로 보장해주고 있다.

그리고 내가 맡은 **내 일**을 **내 일**처럼 한다면 **내일**(Tomorrow)로 통하는 고속도로가 저절로 열릴 것이다. 이것이 내가 '내일경영'을 강조하는 이유이다.

사장님, 그거 작업용이죠?

여직원이 읊은 시는 고은 시인의 '그 꽃'이라는 시였다. 그 시를 듣는 순간 내 입가에 미소가 번졌다. 짧지만 그토록 사람의 마음을 따스하게 만드는 시도 드물다.

사람의 마음을 여는 가장 쉽고 정직한 방법은 감성으로 다가가는 것이다. 흔히 CEO는 외롭다고 말하는 이들이 있지만, 적어도 내게는 어울리지 않는 말이다.

나는 직원들에게 다가가는 것이 좋다. 그래서 취임 직후 사무실을 돌면서 취임식에 참석하지 못한 직원들을 일일이 찾아 악수를 건넸다.

환하게 웃으며 사람을 만난다는 게 얼마나 즐거운 일인가. 더구나 한솥밥을 먹는 직원과의 만남은 더 즐겁게 마련이다. 나는 틈이 날 때마다 직원들과 만나려고 애쓴다. 무릎 간담회 같은 진지한 자리도 좋아하지만 번개 맥주모임처럼 허심탄회하게 즐길 수 있는 자리도 좋아한다.

물론 무작정 먹고 마시며 즐기기 위해서 회식을 갖는 것은 아니다.

그들과 나누는 한 마디 한 마디에서 나는 현장의 분위기를 알게 된다.

내가 가진 습벽 가운데 하나는 건배사다. 어떤 자리에서건 건배사를 즐기는데, 특이한 것은 수십, 수백 번 반복되는 그 회식에서 매번 다른 건배사를 한다는 점이다.

물론 거기에도 나름대로의 이유가 있다. 술자리를 여는 그 짧은 건배사가 그 자리에 모인 모든 사람들에게 나를 각인시키고 함께 나아갈 방향을 제시하는 효과가 있음을 알기 때문이다.

그렇기에 나는 회식 때마다 직원들에게 돌아가면서 건배사를 하도록 함으로써 그들에게 자신을 각인시킬 기회를 준다. 그것도 일종의 훈련인데, 몇 번 반복하다 보면 직원들은 그럴 듯한 건배사를 만들어 회식 자리의 흥을 돋우곤 한다.

번개 미팅이나 회식 외에도 직원들과 만날 수 있는 방식은 많다. 그중 서로의 거리감을 줄이고 직원들의 마음을 열고 싶어 기획한 모임 가운데 하나가 여직원 간담회다. 비록 간담회라는 표현을 쓰긴 했지만, 회사에서 흔히 볼 수 있는 따따한 분위기는 아니다.

그저 근처 식당에서 점심 식사를 하고 공원을 산책하다가 벤치에 둘러앉아 다정하게 이야기를 나누는 모임일 뿐이다.

어느 날 나는 여직원들 몇 명과 점심 식사 후 회사 근처 생태공원으로 산책을 갔다. 간단히 점심을 먹고 커피 한 잔씩을 손에 들고 공원의 숲 사이를 걷다가 나무를 잘라 만든 의자에 둥그렇게 둘러앉았다. 다소 어색한 분위기가 감돌자 이를 깨기 위해 한 여직원을 지목하며 아는 시가 있으면 한 번 외워 보라고 주문했다.

그 여직원은 망설이며 조심스럽게 입을 열었다.

"사장님, 오늘 사장님께서 시키실까 봐 한 편 외우기는 했는데 너무 짧아요. 짧아도 되나요?"

나는 유쾌하게 웃음을 터뜨렸다.

"당연하지. 짧아서 더 좋은 시가 얼마나 많은데."

내 말에 용기를 얻은 여직원이 수줍게 입을 열었다.

내려갈 때 보았네/ 올라갈 때 보지 못한/ 그 꽃

여직원이 읊은 시는 고은 시인의 '그 꽃'이라는 시였다. 그 시를 듣는 순간 내 입가에 미소가 번졌다. 짧지만 그토록 사람의 마음을 울리게 만드는 시도 드물다.

하지만 정작 시를 읊은 여직원은 무안한 듯 고개를 푹 숙였다.

"정말 짧죠?"

"아냐. 짧으면서 좋은 시 중에 이런 시도 있지."

나는 여직원에게 나태주 시인의 시 '풀꽃'을 암송하며 화답했다.

자세히 보아야 예쁘다/ 오래 보아야 사랑스럽다/ 너도 그렇다

내 시가 끝나는 순간 그 여직원이 갑자기 까르르 소리를 내며 웃었다.

그리고 한 마디를 덧붙였다.

"사장님, 그거 작업용이죠?"

거리낌 없이 해맑게 웃으며 농담을 하는 그 여직원이 얼마나 나를 즐겁게 했는지 모른다. 직원들과 그런 허물없는 사이가 되기를 늘 원해왔던 것이다.

처음 사장으로 취임했을 때 우리 직원들이 나를 얼마나 어렵게 생각했는지 간부들과 식사를 함께하는데 다들 군대식으로 빳빳하게 굳어 있었다. 나는 그 마음을 열기 위해 부단히 노력했다. 당구나 스크린 골프를 치기도 하고, 산책을 하기도 했다. 그런데 여직원의 한 마디를 통해 비로소 그 노력이 헛되지 않았음을 확인한 셈이다.

기분이 아주 좋았으므로 나는 조금 더 용기를 내기로 했다.

"그럼, 진짜 작업용 시 들려줄까?"

"뭔데요?"

모두의 눈이 반짝였다. 나는 약간의 쑥스러움을 떨쳐내고 류시화 시인의 시 '그대가 곁에 있어도 나는 그대가 그립다'라는 시를 암송해주었다.

물 속에는
물만 있는 것이 아니다
하늘에는
하늘만 있는 것이 아니다

그리고 내 안에는
나만이 있는 것이 아니다

내 안에 있는 이여
내 안에서 나를 흔드는 이여
물처럼 하늘처럼 내 깊은 곳 흘러서
은밀한 내 꿈과 만나는 이여
그대가 곁에 있어도
나는 그대가 그립다

  사실을 말하자면, 오래전 총리실 화장실 벽에 붙어 있는 시를 외운 것인데, 그때 그 시를 잘 써먹은 셈이다. 비록 '작업용'으로 써보지는 못했지만 여직원들의 마음을 열어주는 역할을 톡톡히 했으니 말이다.

여섯,
사람은 무엇으로 사는가

한 권의 책

요즘도 내 책 욕심은 줄어들지 않았다. 오히려 나이가 들수록 책을 손에 드는 시간이 많아진다. 그것이 아직 풀지 못한 과제를 위한 워밍업인지 아니면 보상심리인지는 확실하지 않다. 그저 책을 읽으면 읽을수록 그 가치의 소중함을 깨달아 가고, 그런 스스로에게 안도감을 느낄 뿐이다.

책은 자기가 살지 않는 세상, 경험해보지 못한 다양한 삶을 이해할 수 있게 해주는 소중한 스승이자 친구다.

데카르트는 '좋은 책을 읽는 것은 지난 몇 세기에 걸쳐 가장 훌륭했던 사람들과 만나는 것'이라고 이야기했다. 또 S. 버틀러는 '책에서 우리가 읽어야 할 것은 그 말이 아니라 말 뒤에 있다고 느끼는 사람'이라고 독서를 정의했다.

이외에도 많은 위인들이 책과 독서의 가치에 대해 이야기했다는 것을 우리는 잘 알고 있다. 굳이 위인이 아니더라도 사람들은 종종 '한 권의 책이 인생을 바꾼다'고 이야기하곤 한다. 냉소적인 사람들은 그런 찬사가 지나치다고 여길 수도 있지만, 저마다 인생이 바뀌는 계기가 다를 테니 책에 대한 그 많은 찬사들이 꼭 과장되었다고는 할 수 없다.

실제로, 인생을 바꿀 만큼은 아니더라도 누구에게나 기억에 남는 책은 있게 마련이다.

내게도 오랫동안 잊히지 않는 책이 있다. 《일리아드》와 《오디세이》가 그것이다.

처음 그 책을 읽은 것은 중학교 1학년 때였다. 어느 날 형수님의 친정에 들렀는데, 마침 그곳에 을유문화사에서 나온 세계문학전집이 있었다. 무려 50권에 이르는데다 글씨가 깨알 같고 책도 두꺼워서 그야말로 세계의 문학을 집대성한 느낌이었다.

활자 중독까지는 아니더라도 늘 책에 굶주려 있었기에 나는 형수님을 졸라 전집의 제1권을 빌렸다. 그리고 다음 날 그 책을 학교에 들고 갔다. 그 책이 바로 《일리아드》와 《오디세이》였다.

어쩌다가 호메로스의 두 서사시에 대해 이야기할 때 나는 '지루하면서도 아주 인상 깊은 책'이라는 평을 내린다. 하지만 보다 솔직히 이야기하자면, 지금까지 본 책 중 그만큼 재미없는 책은 없었다. 그럼에도 불구하고 그 책이 인상 깊었던 것은 당시 국어를 가르쳤던 김영식 선생님 때문이다.

일단 학교까지 책을 가져간 나는 과감하게 1교시부터 읽기 시작했다. 선생님이 판서를 하는 동안 무릎 위에 책을 펼치고 조심스럽게 책장을 넘겼다. 하지만 그 책은 아주 지루해서 사람을 질리게 하는 면이 있었다. 생경한 등장인물들의 이름과 지명, 도저히 이해할 수 없는 내용 때문에 내 입에선 연신 한숨이 새어나왔다.

그리고 어느 순간 이상한 느낌에 고개를 들었을 때 엄한 얼굴로 나를 내려다보시는 김영식 선생님의 시선과 마주쳐야 했다.

당시만 해도 선생님의 권위는 절대적이었다. 수업 시간에 다른 짓을 하다 걸리면 죽지 않을 만큼 매를 맞는 것이 다반사였다. 나는 비록 그 책을 끝까지 읽지는 못했지만 분명히 인간의 비극과 관련되어 있으리라 예감했다. 아니, 적어도 그 책이 내게는 비극의 책으로 기억되리라 확신했다.

짐작대로 김영식 선생님의 목소리는 무겁게 가라앉아 있었다.

"내 수업 시간에 다른 사람의 이야기를 읽고 있단 말이지?"

나는 아무 대답도 하지 못한 채 고개를 떨어뜨렸다. 당장이라도 선생님의 박달나무 지휘봉이 어깻죽지를 후려칠 것 같았다. 하지만 선생님은 천천히 손을 뻗어 내 무릎 위에 놓인 책을 집어들었다. 그리고 잠시 뒤 훗, 하는 웃음소리가 들렸다.

"《일리아드》와 《오디세이》? 1학년이 이 책을 읽고 있단 말이지."

담담하게 말한 선생님은 한동안 미동도 하지 않았다. 책상 위에 드리워진 선생님의 그림자에서 복잡한 표정이 읽혀지는 느낌이었다. 그렇게 얼마간의 침묵이 흐른 뒤 선생님이 내 이름을 불렀다.

"박철곤."

"예."

내 입에서 아주 작은 목소리가 새어나왔다. 김영식 선생님은 비록 엄격하지만 정이 많고 여러모로 나를 아껴준 분이었다. 새삼 죄송한 마음이 들었다. 매를 맞아도 억울한 마음은 들지 않을 것 같았다. 그런데 선생님의 입에선 뜻밖의 말이 흘러나왔다.

"다 읽고 나면 줄거리 좀 들려줘라. 사실 나도 이 책 내용이 궁금하거든."

"예?"

나는 반사적으로 고개를 들었다. 선생님이 사람 좋은 미소를 지으며 책상 위에 그 책을 내려놓은 뒤 내 머리를 쓰다듬었다.

"그만큼 어려운 책이란 말이지."

말을 마친 선생님은 아무 일도 없었다는 듯 다시 칠판 앞으로 걸어갔다. 그리고 나 때문에 멈춰야 했던 요약정리를 다시 시작했다.

《일리아드》와 《오디세이》에 관해 또 다른 고백을 하자면, 여러 번의 시도에도 불구하고 나는 아직도 그 책을 끝까지 읽지 못했다. 그 책은 삼십대가 되어, 또 사십대가 되어 읽어도 여전히 난해하고 지루한 책이었다. 하지만 《일리아드》와 《오디세이》는 여전히 내 인생에서 가장 인상 깊은 책으로 남아있다.

비록 영원히 완독할 수 없을지 모르지만, 나는 그 책을 통해 김영식 선생님의 사람 좋은 미소를 만나곤 한다. 더불어 사람과 책을 대하는 지식인의 자세를 새삼 반추하곤 한다.

요즘도 내 책 욕심은 줄어들지 않았다. 오히려 나이가 들수록 책을 손에 드는 시간이 많아진다. 그것이 아직 풀지 못한 과제를 위한 워밍

업인지 아니면 보상심리인지는 확실하지 않다. 그저 책을 읽으면 읽을수록 그 가치의 소중함을 깨달아 가고, 그런 스스로에게 안도감을 느낄 뿐이다.

우리가 잘 아는 곤충학자 장 앙리 파브르는 책에 관해 이런 명언을 남겼다.

'누구에게나 정신적으로 하나의 기원을 만들어주는 책이 있다.'

자, 그대 정신의 기원이 되는 책은 무엇인지…….

선생과 선생님

결코 자기를 내세우지 않는 존재. 그러면서도 늘 자기가 아닌 다른 대상을 비추는 것으로 행복해하는 존재. 그런 존재가 바로 스승이다.

퇴근길, 신호등에 걸려 차가 섰을 때 우연히 길가의 꽃집에 시선이 갔다. 어버이날이 지났는데도 붉은 카네이션들이 작은 바구니에 담겨 창밖 진열대에 빼곡히 들어차 있었다.

아무 생각 없이 그 풍경을 보다가 뒤늦게야 다음 날이 스승의 날이라는 사실을 깨달았다. 그리고 내 무심함이 부끄러워졌다.

인생을 살아가면서 좋은 스승을 만난다는 것은 그야말로 축복이다.

좋은 스승은 자신이 머금은 빛으로 제자를 빛나게 한다. 도교에선 그런 스승을 '한낮의 달'에 비유했다. 눈에 확 띄지는 않지만 늘 우리의 의식과 영혼을 비추고 있는 존재, 그것이 스승이다.

나는 살아오는 동안 그런 달빛 같은 스승들을 꽤 많이 만났다. 가장 먼저 떠오르는 분은 초등학교 시절 만났던 김조현·유병룡 두 분 선생님이다.

초등학교 6학년이 되자 우리는 진학반과 사회반으로 갈렸다. 당시엔 가정 형편 때문에 중학교에 가지 못하는 학생이 많았고, 그런 학생들을 위해 따로 사회반을 둔 것이다.

6학년을 맡은 선생님은 두 분이었는데 중학교에 갈 학생들을 모아놓고 번갈아 가르쳤다. 그때까지만 해도 중학교 입시 경쟁이 꽤 치열했으므로 선생님들이 수업 시간 외에도 시간을 투자해 학생들을 집중적으로 가르쳤다. 일종의 과외였던 셈이다.

지금은 상상할 수 없는 일이지만, 그때는 선생님들이 과외로 학생들을 가르칠 수 있었다. 과외비가 몇 백 원가량 했는데, 당시 우리 집 사정으로는 엄두도 내지 못할 큰돈이었다. 책 사볼 돈도 없어 선생님이 준 책으로 공부를 하는 처지인데, 과외비까지 낸다는 것은 꿈도 꿀 수 없는 일이었다.

하지만 고맙게도 6학년의 두 분 선생님은 나를 무료로 진학반에 넣어주셨다. 우리 집 형편으로는 중학교 진학이 무리였지만, 선생님들은 그런 사정을 잘 알면서도 어떻게든 중학교 진학 길을 열어주기 위해 일단 진학반에 나를 포함시킨 것이다.

진학반의 수업 강도는 굉장히 셌다. 지금 생각해보면 초등학교 6학년 학생들이 그런 스파르타식 수업을 따라 한 것이 신기할 정도다. 방학 때는 아예 학교에서 먹고 자면서 공부를 했다. 아침 4시에 일어나

세수를 한 뒤 4시 30분부터 7시 30분까지 쉬지 않고 공부했다.

그런 다음 부모나 형제가 가지고 온 밥을 먹고 8시 30분부터 다시 공부를 시작했다. 점심, 저녁도 아침처럼 집에서 싸다 준 밥으로 해결하고, 밤 11시 30분까지 공부했다.

전기가 들어오지 않던 시절이라 밤에는 석유램프의 희미한 불빛에 의지하며 책을 보았다. 석유램프만으로는 너무 어두워 책상에 촛불을 켜 놓고 조금이라도 어둠을 밝혀보려 애를 쓰기도 했다.

그렇게 공부를 하면 램프와 초의 그을음 때문에 콧속이 새까매지곤 했다. 어린 학생들이 감당하기에는 벅찬 스케줄이었지만 다들 열심이었다.

선생님들의 배려로 돈 한 푼 내지 않고 과외를 받을 수 있었지만 마음 한편은 늘 불편했다. 그러던 중 크게 마음의 상처를 입는 사건이 터졌다. 학부모 회장이자 같은 학교 교사였던 H선생님이 어느 날 저녁 교실로 불쑥 들어서더니 내 책상 앞에 섰다. 저녁을 위해 부산해지는 시간이었다.

"야, 박철곤. 누가 너보고 여기 와 있으라고 했어. 돈도 안 내고 말이야."

H선생님은 내 뒷덜미를 잡고 교실 밖으로 질질 끌고 나가더니, 신고 있던 슬리퍼를 벗어 사정없이 후려치기 시작했다. 너무 서럽고 가슴이 아팠다. 친구들 앞에서 맞은 게 어찌나 창피하던지 아픈 줄도 몰랐다.

그 길로 울면서 학교를 나왔다. 학교 바로 앞에 우리 집이 있었지만 돈을 못 내 쫓겨온 걸 알면 부모님이 마음 아파할까 봐 집으로 갈 수도 없었다. 오도 가도 못하고 길 옆 수풀더미에 웅크리고 앉아 머리에 무릎을 묻고 하염없이 울었다.

얼마나 울었을까. 귀에 익은 목소리가 들려왔다.

"철곤이 아니냐."

저녁 식사를 마치고 학교로 돌아오던 김조현 선생님이 나를 발견하고 멈춰 선 것이다.

김조현 선생님은 수업도 재미있게 잘 하고 화랑 관창이나 을지문덕 같은, 역사 속 위인들의 이야기를 재미있게 알려주며 아이들에게 꿈을 심어주던 미남 선생님이었다. 항상 스포츠형의 깔끔한 머리 모양을 하고 있던 선생님은 활달하고 밝아서 모두가 잘 따랐다.

관사가 없어서 마을 집 문간방에 세 들어 살고 계셨는데, 같은 동네다 보니 방과 후에도 자주 마주치곤 했다. 그날도 밤 과외를 하기 위해 셋방에서 학교로 오시던 중 나를 발견하신 것이다.

"철곤아. 공부는 H선생님이 시키는 게 아니라 우리가 시키는 거야. 신경 쓰지 마라. 이 정도 어려움을 극복하지 못하고 어찌 큰 사람이 될 수 있겠니. 큰 사람이 되려면 참고 견뎌야 한다. 이제 그만 가자."

사정 이야기를 들은 김조현 선생님은 그렇게 위로하며 내 손을 잡아 끌고 다시 학교로 데려가셨다. 그리고 이후 다시는 내가 똑같은 수모를 당하지 않게 해주셨다.

그뿐만이 아니다. 김조현 선생님과 유병룡 선생님은 내 진로를 놓고

끝까지 고심하셨다. 당시 전주에서 제일 좋은 학교가 전주북중이었는데, 시험을 봐서 합격하는 것은 문제가 없었지만 학비가 문제였다. 장학금을 받지 않으면 중학교를 갈 수 없는 내 형편을 고려해 두 분은 고심 끝에 3년 장학금을 받을 수 있는 사립 중학교를 추천해주셨다. 그렇게 두 분이 부모 이상으로 아껴주고 함께 진로를 모색해준 덕분에 난 무사히 중학교에 진학할 수 있었다.

공직을 떠난 뒤에서야 그간 항상 마음속에만 뵙고 싶었던 김조현 선생님을 수소문 끝에 다시 찾을 수 있었다. 선생님은 군산에서 교장을 지내신 후 은퇴해 손수 농사를 지으며 노년을 보내고 계셨다.

추억 속의 은사를 찾아가 절을 드리고 감사의 마음을 전하자 뜨거워지는 눈시울을 주체할 수가 없었다. 이후 가끔씩 전화를 드리고 명절이 되면 작은 선물을 보내드리곤 했다. 그러면 선생님은 손수 농사지은 것들을 잔뜩 소포로 보내시곤 했다. 차마 죄송스러워 명절 선물을 보내기가 망설여질 만큼 많은 양이었다.

선생님께는 아직도 내가 무엇이든 챙겨주어야 마음이 놓이는 어린 제자처럼 여겨졌던 것인지도 모른다. 그 마음, 갚을 길이 없다.

그러고 보면 세상에는 여러 부류의 선생님들이 있다. 때론 몇 푼을 이유로 슬리퍼로 제자를 매질하는 선생님도 있다. 미안하지만, 그분은 직업이 교사일 뿐 진정한 스승이 되지는 못한다.

실제로 나는 초등학교 이후에도 여러 번 선생님들로부터 상처를 입었다. 하지만 그런 사람들보다는 김조현 선생님이나 유병룡 선생님처럼 제자의 어려운 처지를 이해하고, 용기를 잃지 않도록 격려해준 좋은 선생님들이 압도적으로 많았다.

고등학교 1학년과 3학년 담임을 맡으셨던 이종경 선생님도 그런 스승 가운데 한 분이다. 비록 중학교 자퇴의 후유증을 털어내고 고등학교에 잘 적응해 좋은 성적을 거두기는 했지만 마음은 여전히 불안했다. 가난이라는 짐이 언제 또 내게 시련을 줄지 모른다는 생각 때문이었다. 그런데 마침 그때 담임선생님이 옥상으로 나를 불러 등을 두드리며 용기를 북돋워주셨다.

"부산까지 유학을 와서 2등을 한 건 참 잘한 거다. 좀 더 열심히 해라. 1등도 할 수 있다."

선생님의 따뜻한 격려는 공부에 대한 열의를 더욱 불타게 했다. 덕분에 나는 5월 시험에서 드디어 1등을 할 수 있었다.

그렇게 1학년은 순조롭게 지나갔다. 어머니도 고향집을 정리해 부산에서 자리를 잡고 장사를 시작하셨고, 두 형님이 열심히 뒷바라지를 해주었다. 가난은 여전히 나를 떠나지 않았지만, 어떻게든 고등학교를 졸업할 수 있으리라는 희망이 보였다.

그런데 2학년 때 큰형님이 불가피한 사정으로 전주로 돌아가게 되었고, 얼마 지나지 않아 작은형님마저 군에 입대해 어머니와 나 그리고 어린 동생들만 남게 되었다.

악전고투의 나날이 다시 시작되었고, 그 짐은 온전히 어머니의 몫이 되었다. 어머니는 한 푼이라도 더 벌기 위해 물건 값을 고물로 받았다.

100원어치를 팔고 그 값에 해당하는 고물을 받으면 고물을 120원에 되팔아 약간의 이윤을 더 남길 수 있었기 때문이다.

하지만 그런 방법으로 내 학비를 감당하기란 불가능했다. 결국 고등학교 2학년 때는 거의 학비를 내지 못했다. 다행히 공립이라 쫓겨나지는 않았으나 불안감은 더욱 증폭되었다.

12월이 얼마 남지 않았을 때로 기억한다. 어느 날 서무과 장봉태 선생님이 나에게 목도장 하나를 건넸다. 월남전 유공자였던 장 선생님은 비록 몸이 불편하지만 지적이고 인자한 분이었다. 나는 영문을 몰라 목도장을 내미는 장 선생님을 물끄러미 쳐다보았다.

"이게 뭡니까?"

"학교 선생님 추천으로 네가 BBS장학금을 받았다. 우리가 이 도장 새겨서 장학금 타다가 1년치 학비 다 냈으니 이제 아무 걱정하지 말고 공부 더 열심히 해라."

BBS장학금. 당시 수출 1위 기업이던 동명목재 강석진 회장이 부산 BBS회장으로서 마련한 장학금이었다. 학교별로 한 명씩 장학금을 주었는데, 당시 선생님이 적극적으로 나를 추천했다고 한다.

밀린 학비 때문에 늘 미안하고 불안했던 나로서는 구세주를 만난 기분이었다. 학비 독촉을 하지 않는 것만도 고마운 일인데, 가난한 제자를 배려해 장학금까지 받게 해주었으니 그 고마움을 어찌 말로 표현할 수 있을까.

그때는 어려서 미처 생각하지 못했지만 지금 와서 돌이켜보면 장학금만으로는 밀린 학비를 다 정산하지 못했을 것이라는 것을 깨달았다. 한 푼이라도 남았으면 동전 하나라도 돌려주었을 텐데, 서무과에서 목도장만 건넨 것을 보면 누군가가 부족한 비용을 보충했다는 것이다.

부족한 돈은 아마도 장봉태 선생님이나 어느 선생님이 사비로 메웠던 것 같다.

그 비용이 얼마였는지 아마 영원히 알 수 없을 테지만 두 분의 사랑이 얼마나 크고 값진가는 뼈저리게 느끼고 있다. 지금의 나를 존재하게 한 게 그분들이므로.

행정고시에 합격하고 공직을 수행하면서, 나는 내 직책이 대단하다고 생각해본 적이 없다. 하지만 내가 이루어낸 성과에 뿌듯했던 적은 있다.

총무처에서 근무할 때였다. 어느 날 이종경 선생님이 안부 전화를 주셨다. 당시 선생님은 부산교육청 장학사로 근무하고 계셨는데, 평소와 달리 전화 저편의 목소리가 가깝게 느껴졌다. 설마 그럴 리야 있겠는가만, 나는 정말 선생님이 멀지 않은 곳에 계실지도 모른다는 생각이 들었다. 그리고 그것은 사실이었다.

선생님은 상사인 장학관을 모시고 서울로 출장을 왔다가 문득 제자의 목소리가 듣고 싶어 전화를 주셨던 것이다. 처음엔 그저 목소리만 들을 생각으로 전화하셨다가 제자의 질문에 차마 거짓말을 못하고 서울에 올라온 사정까지 말씀하셨다.

나는 업무가 끝나는 대로 곧장 선생님의 숙소로 찾아갔다. 명색이 장학사인데다 평생 교직에 헌신해온 분이었건만, 선생님은 광화문 교보빌

딩 뒤쪽의 허름한 여관에 여장을 풀고 계셨다. 가난한 제자를 위해 박봉의 월급을 아낌없이 쪼갰던 선생님은 당신의 편안함을 위해서는 돈을 쓰지 않았던 것이다.

좁고 우중충한 여관에서 제자를 맞이하는 선생님을 보는 순간 코끝이 시큰해졌다. 나는 곧장 선생님께 큰절을 올렸다.

"철곤이 절 받으십시오!"

가슴이 멘 탓일까. 목소리가 갈라졌다. 절을 올리는 그 짧은 동안, 고등학교 시절의 기억들이 뇌리를 스쳤다. 끊임없이 격려와 지지를 보내주시고, 제자의 아픈 마음을 다독여주시던 선생님. 그 선생님은 어느새 흰머리가 크게 늘어 있었다.

"이 선생이 평소 그렇게 자랑하더니 과연 그럴 만하구먼."

그때까지도 방 한쪽에 서서 우리 두 사람을 지켜보던 장학관이 부러운 듯 말했다.

"하하. 그럼 이제 제자 자랑한다는 이유로 팔불출이라고 놀리는 일 없갑니다."

"팔불출은 무슨. 제자 하나 찾아오지 않는 나야말로 팔불출이지."

장학관이 씁쓸한 듯 헛웃음을 웃었다. 그분, 그날 일이 정말 부러웠던지 교육청에 가서도 나와 선생님 이야기를 꽤나 했던 모양이다. 고시에 합격해 중앙청에서 근무하는 제자가 여관방까지 찾아와 큰절을 올리더라는 소문이 퍼지면서 이 선생님은 두고두고 부러움의 대상이 되었고, 업무차 만나는 사람들에게서 많은 편의를 제공받게 되었다고 한다.

물론 선생님은 당신이 누리는 편의가 혹시라도 제자에게 누가 되지 않을까 두고두고 걱정하셨다. 그럴 때마다 나는 당신을 안심시켜드리느라 진땀을 빼야 했다. 선생님의 제자는 사사로운 일에 공적인 직책을 이용할 만큼 뻔뻔스러운 사람이 못 된다고. 무엇보다, 선생님은 다른 이들에게 존경을 받기에 조금도 부족함이 없는 분이라고.

한때 사람들은 태양이 지구 주위를 도는 게 아니라 지구가 태양 주위를 돈다는 사실에 충격을 받았고 쉽게 인정하려 들지 않았다. 우주의 중심이 지구여야 한다고 믿었기 때문이다. 하지만 꼭 그렇게 생각해야 했을까?

달은 끊임없이 지구 주위를 돌지만 세상 그 누구도 달의 운행을 얕보지 않는다. 오히려 그 달을 향해 가장 내밀한 비밀을 이야기하기도 하고, 누군가와의 사랑이 이루어지게 해달라고 기도하기도 한다. 그것은 지구가 그리는 궤적이 달이 그리는 궤적보다 크지 않다는 것을 알기 때문이다.

결코 자기를 내세우지 않는 존재. 그러면서도 늘 자기가 아닌 다른 대상을 비추는 것으로 행복해하는 존재. 그런 존재가 바로 스승이다.

오늘의 제가 있게 해주신 선생님들, 당신들은 언제나 제 인생을 비추는 소중한 빛이셨습니다.

행운과 불운의 차이도
실력이다

두 번 세 번 똑같은 실패를 경험할 수도 있지만, 그때마다 포기하지 않고 도전해야 한다. 정말 간절하다면 그렇게 기를 쓰고 싸우는 수밖에 없다. 그것이 바로 불운을 행운으로 바꾸는 비결이다.

지금 생각해도 제23회 행정고시 2차 시험에서 나는 귀신에 홀렸던 듯하다. 그해 1차 시험에 합격하고 바로 2차 시험을 보게 되었는데, 나는 모든 면에서 자신이 있었다. 미친 듯이 공부했고, 운도 잘 따라주는 해였기 때문이다.

2차 시험 장소는 서대문에 있었던 국제대학이었다. 하루에 두 과목씩 3일에 걸쳐 보는데, 숙소에서 시험장까지 왔다 갔다 하는 시간을 줄이기 위해 미리 시험장 근처에 숙소를 잡아놓고 시험을 보는 사람들이 많았다. 나도 관악법우회관에서 함께 공부했던 H형과 함께 국제대학 근처에 숙소를 정해 시험이 끝날 때까지 머물렀다.

그런데 그 며칠 사이에 그동안 좋았던 운이 불운으로 완전히 돌아서고 말았다.

첫날부터 그랬다. 시험 전날 우리 두 사람은 헌법에서 어떤 문제가 나올지 서로 의견을 주고받았다. 둘 다 틀림없이 '개정'이나 '제정' 중 하나가 나올 것이라는 데는 일치했다. 하지만 H형은 개정에 무게중심을 두었고, 나는 제정이 나올 가능성이 높다고 봤다.

물론 개정과 제정 모두 공부를 했지만 아무래도 자기가 예상하는 분야를 더 신경 써서 공부하기 마련이다.

뚜껑을 열어보니 시험문제는 H형이 예상했던 '개정'이었다. 비단 헌법만이 아니었다. 우리 둘은 과목별로 서로 예상 문제가 조금씩 달랐는데, 대부분 H형의 예상이 적중했고 나는 과목별로 꼭 하나씩은 이상한 문제에 걸려 고전했다.

둘째 날은 더 기가 막혔다. 오전에 행정법, 오후에 경제학을 보는 날이었다. 일찌감치 시험장에 가 부지런히 그동안 공부했던 내용을 훑어보기 시작했다. 행정법은 상권과 하권으로 되어 있는데, 상권은 이론이고 하권은 이론을 적용하는 각론을 담았다.

시험은 주로 상권에서 많이 나온다. 이미 수십 번도 더 본 내용이라 빠르게 책을 넘기며 상권을 살피고 각론으로 넘어갔는데, '훈령'에 관계된 내용이 나왔다. 누군가 고시잡지에 기고했던 글이다. 정리가 잘 되어 있어 오려 붙여두었던 것이다. 충분히 나올 만한 내용이었다.

막 훈령을 읽어보려는데 시험 감독관이 들어왔다. 오전 시험은 10시에 시작한다. 보통 9시 45분쯤에 감독관이 들어와 책을 수거하는데, 그날따라 감독관이 20분에 들어와 책을 앞에 갖다 놓으라고 했다. 훈령을 꼭 봤으면 좋겠는데 시간을 주지 않았다.

투덜대며 책을 앞에 갖다 놓았다. 그런데 이게 웬일인가. 시험문제를 적은 두루마리가 펼쳐지는데, 떡하니 '훈령'이 나온 것이다. 25점짜리 문제였다. 이미 엎질러진 물. 억울해 한들 소용이 없었다. 아니, 억울한 마음에 알던 것도 더 막히고 생각이 나지 않았다.

오후엔 경제학 시험이 있었다. 경제학은 행시 최고의 난제로 고시생들을 괴롭히는 과목이다. 분량도 방대하고 내용이 상당히 어렵다. 그래서 나는 경제학 전체를 노트 두 권으로 요약해 공부했다. 중요한 내용을 일목요연하게 그래프까지 그려가며 정리한 터라 노트만 봐도 시험 준비를 마칠 수 있었다.

점심을 먹고 노트를 보다 보니 '생산함수'를 따로 정리해놓은 대학노트 한 장이 붙어 있었다. 당시만 해도 생산함수는 생소한 개념이었다. 일반적인 경제학 교과서에는 나오지도 않았고 남덕우 씨가 쓴 《가격론》이라는 책에 본문도 아닌 각주로 소개되었을 정도다. 그만큼 지엽적인 내용이었다.

그 생산함수를 누군가가 고시잡지에 몇 페이지에 걸쳐 제법 상세하게 소개했던 적이 있다. 나는 시험문제에 나올 리는 없겠지만 혹시라도 관련된 문제가 나왔을 때 생산함수를 언급하면 다른 사람들이 쓰지 않은 내용이니 득점 포인트가 될 수 있겠다고 판단했다. 그래서 고시잡지에 실린 내용을 정리해서 경제학 노트에 붙여놓았던 것이다.

하지만 고시 공부를 하는 동안 한 번도 생산함수를 공부하지 못했다. 언제부터 언제까지 어떤 공부를 하겠다는 계획을 세우고 공부해도 늘 진도가 늦어진다. 다른 공부가 더 급하니 노트를 넘기다 생산함수가 나와도 계속 다음으로 미루다가 결국 다시 보지 못하고 시험을 치르게 된 것이다.

'그래. 생산함수가 있었구나. 지금이라도 훑어봐야지.'

막 생산함수를 읽으려는 순간 함께 공부하던 S형이 들어왔다. 시험을 잘 봤는가 묻기에 훈령에 얽힌 기막힌 사연을 들려주고 몇 마디를 더 나누었다. 그리고 다시 노트를 보려는데 '경제학 뭐 나올 것 같아요?'라고 물었다.

"내가 볼 때는 경제학 미시 부분에서는 자원시장이 아직 안 나왔어요. 그게 나올 것 같아요."

"어, 그게 뭐에요?"

S형은 눈을 동그랗게 뜨며 당황했다. 어떤 내용인지 잘 모르는 눈치였다. 자원시장에 대해 열심히 설명했다. 어떤 순서로 이야기를 풀어야 하며, 마지막으로 시장의 실패에 대한 언급까지 필요하다고, 내가 아는 모든 지식을 총동원해 알려주었다. S형은 부지런히 메모를 해가며 경청했다. 그러다보니 점심시간이 다 지나갔다. 마음이 급해지니 생산함수는 눈에 들어오지도 않았다. 생산함수 요약지를 덮고 다른 부분을 급히 넘

기며 일별하다가 시험시간을 맞았다.

시험이 시작된 후 나는 경악했다. 절대 나오지 않을 것이라 생각했던 '생산함수'와 관련된 문제가 나온 것이다. 25점짜리 문제가 통째로 날아갔다는 생각에 머릿속이 아득해졌다. 이게 무슨 불운의 연속인지 맥이 쭉 빠졌다.

다행히 50점짜리 문제는 S형에게 열심히 설명했던 자원시장 분야가 그대로 나왔다. 다른 한 문제도 비교적 내가 잘 아는 문제여서 잘 썼던 것 같다. 나중에 점수를 확인해보니 63점이었다. 25점짜리를 아예 놓쳤으니 75점 만점이나 마찬가지였는데, 63점이면 굉장히 높은 점수였다. 고시에서 100점 만점을 기준으로 80점은 매우 고득점에 속한다. 더욱이 경제학은 과락을 걱정하는 과목이니 75점 만점에 63점은 가히 살인적 점수라고 할 만하다.

그해 2차 시험에서 나는 전 과목 총점 1점 차이로 떨어졌다. 행정학 시험을 볼 때 훈령을 읽어보기만 했어도, 점심시간 때 생산함수를 보기만 했어도 1점은 충분히 더 받았을 것이다.

그때는 운이 지독히도 없다고 생각했다. 아예 모르는 문제였다면 덜 억울했을 것이다. 물고기를 다 잡았다 놓친 그런 기분이었다.

그해 경제학에 어떤 문제가 나올지 물었던 S형은 합격했다. 과목마다 예상문제가 적중했던 H형은 3등이라는 우수한 성적으로 합격했다. S형과 H형 모두 열심히 공부했던 사람들이라 운으로 합격했다고 보기는 어렵다. 그래도 그때는 조금은 부러웠다. 그들은 운수대통, 나는 지독한 불운이라고 생각했다.

하지만 곧 마음을 바꿔 먹었다. 운이 없었던 것이 아니라 마지막 순간까지 최선을 다하지 않아 운을 놓친 것이란 생각이 들었다. 끝까지 방심하지 않고 최선을 다했더라면 남들이 미처 예상하지 못했던 문제를 풀어 높은 점수를 받는 행운을 잡을 수도 있었다. 행운과 불운이 그렇게 순식간에 바뀔 수도 있음을 그때처럼 절감한 적은 없었다.

그러나 따져보면 그 행·불행은 나 자신으로부터 기원하는 것이다. 이야기가 길어졌지만, 내가 하고 싶은 말은 하나다. 만약 당신이 지금 패배 앞에서 좌절하고 있거나, 불운을 행운으로 바꾸고 싶다면 더 많은 준비를 해야 한다.

그리스 신화에 나오는 기회의 신 오카시오(Occasio)는 이마에 긴머리채가 있고, 알몸이지만 발뒤꿈치에 날개가 달려있는 데다가 발밑에는 수레 바퀴를 밀고 서 있다. 기회란 준비하고 기다리는 사람에게는 잡기 쉽지만 준비없이 기다리다가 지나가는 기회를 뒤늦게 깨닫고 잡으러 하면 잡기도 어렵고 오히려 재빨리 달아나버린다는 것을 의미하는 것이다.

정말 간절하다면 그렇게 기를 쓰고 준비하고 실력을 키우는 수밖에 없다. 그것이 바로 불운을 행운으로 바꾸는 비결이다.

만세 부르지 못한
고시합격

1981년 12월 30일, 나는 드디어 제25회 행정고시에 최종 합격했다. 하지만 그때도 나는 만세를 부르지 못했다. 하필이면 그날 내 옆에는, 정말 운 없게도 면접에서 탈락한 후배가 함께 있었던 것이다.

    가끔 올림픽 같은 큰 대회의 시상식에서 메달이나 트로피를 들어 올리며 환호하는 선수들 모습을 볼 때가 있다. 그렇게 영광의 순간을 만끽하는 장면들을 볼 때마다 나는 쓴웃음을 지을 수밖에 없다.
    내 인생에도 분명 그와 같은 순간들이 있었다. 행정고시 1차에서 3차에 이르기까지 세 번의 합격 소식을 들었던 때가 바로 그런 순간이었다. 하지만 공교롭게도 나는 한 번도 소리 내어 만세를 불러보지 못했다.
    고시에 합격했다는 이야기를 듣는 순간의 기쁨은 막연히 상상하는 것 이상이다. 오직 그 하나에 젊은 시절을 걸다시피 했으니 그 절박함과 가슴 벅참을 무엇에 비교할 수 있겠는가. 마치 막혔던 숨통이 트이듯 가슴 저 밑바닥부터 뜨거운 기쁨이 솟구쳐 오르게 마련이다. 그런데 하필 나는 그 환희의 순간에 애써 감정을 숨겨야 했다.

물론 그것이 억울하다고 불평할 생각은 없다. 내가 환희를 억누르던 그 순간, 내 옆에는 절망과 실의에 빠진 사람들이 있었기 때문이다. 그렇기에 개인적인 기쁨에 환호하기보다는 어떻게 그들을 위로하느냐가 더 큰 문제였다.

사정은 이렇다. 행정고시 1차 시험에 합격했다는 소식을 듣던 날, 발표를 앞둔 오전에 함께 시험을 봤던 H형이 날 찾아왔다. 그는 내가 한양대 고시반에 들어갔을 때 이미 최고 원로 대접을 받던 인물로, 당시엔 대학원 재학 중이었다. 굉장히 고지식하고 정이 많은 사람이었으나, 시험 운은 그다지 좋지 못했다.

어떻게 설명해야 할까. 드라마나 영화를 보면 가끔 연민을 느끼게 하는 인물들이 등장한다. 한때 잘나가던 사람이 이지러진 사랑이나 배신 때문에 혹은, 불의의 사고나 격변의 시대가 가져온 짓궂은 운명 때문에 궤도를 이탈하고 폐인처럼 살고 있다는 설정이다.

개중에는 기적처럼 부활해 그 능력을 펼치는 인물들이 있지만(이 경우 주로 주인공이다), 대부분 술에 젖어 생을 마감하거나 시종일관 주변 사람들에게 폐를 끼치며 산다. 그런 인물들을 보며 시청자들은 쯧쯧, 혀를 차면서도 연민을 느끼게 마련이다. 밉지만 마냥 미워할 수만은 없는 것이다.

안타깝게도 나는 현실 세계에서 그런 인물들을 너무 많이 봐왔다. 함께 고시를 준비하던 이들 가운데 상당수가 끝내 뜻을 이루지 못하고 쓸쓸히 퇴장하거나, 아예 폐인이 되곤 했다. 그들 대부분은 수재 소리를 들으며 가문 혹은 고장 사람들의 기대를 한몸에 받았던 존재였다.

하지만 실패가 반복되면서, 그들은 자신이 천재도 수재도 아닌, 그저 남들보다 조금 더 공부에 재능이 있는 사람에 불과했음을 깨닫는다. 고시에 붙기에는 끈기도 열정도 부족하다는 사실까지.

슬픈 일은 그 사실을 깨달았음에도 그들이 고시를 쉽게 포기할 수 없다는 점이다. 포기하는 순간 그를 위해 헌신해온 가족이나 연인들이 받을 상처 때문이다. H형도 그런 사람들 가운데 한 명이었다.

H형은 유난히 성격이 좋고 다방면에 지식이 있어서 함께 어울리기에 더없이 좋았다. 인물도 준수했다. 그러다보니 남녀 불문하고 많은 사람이 그를 좋아했다. 그렇다고 공부는 안 하고 놀기만 하는 사람은 아니었다. 그는 여느 고시생처럼 밤늦게까지 공부하고, 정보 수집 능력도 좋았다. 시험에 관한 새로운 정보가 뜨면 귀신같이 찾아내 가까운 이들에게 제공하기도 했다.

시험 성적도 나쁘지 않았다. 비록 첫 시험에서 떨어지긴 했지만, 그의 전체 평균 점수는 합격점을 훨씬 웃돌았다. 다만 한 과목에서 과락 점수가 나와 아쉽게 탈락했을 뿐이다. 그 역시 그 시험에 크게 연연해하는 것 같지 않았다. 운이 없었을 뿐, 언제든 합격할 수 있다고 믿는 눈치였다. 하지만 그는 시험에서 줄곧 고배를 마셨다. 그것은 내가 행정고시에 최종 합격한 후에도 마찬가지였다.

제23회 행정고시 1차 시험 결과가 발표되던 날, H형이 바람이나 쐬러 가자며 느닷없이 나를 찾아왔다. 나도 마음 졸이며 결과만 기다리던 터라 답답한 마음을 달랠 겸 그와 함께 사릉으로 나갔다.

우선 우체국에서 돈을 찾고 두런두런 이야기를 나누며 거리를 걸었다. 하지만 발표 시간이 다가올수록 마음은 점점 불안해졌다.

10리 가량 되는 거리를 걸어 사릉에서 학교로 돌아오는데, 아무래도 느낌이 좋지 않았다. 학교 농장길로 접어들 때는 한 걸음 한 걸음이 지옥을 향해 다가서는 느낌이었다. 두려워서 발걸음이 안 떨어질 정도였다.

농장 마당에 들어서면 연구실이 딸린 큰 건물이 보이는데, 그날 그 건물의 현관문은 우리를 기다리기라도 했다는 듯 활짝 열려 있었다. 건물 안 연구실에는 이미 합격자 명단이 준비되어 있을 터였다.

길게 한숨을 내쉬며 천천히 걸음을 옮겼다. 마침 후배가 현관을 나서다가 우리를 발견했다. 그런데 우리를 발견한 그는 불에 데기라도 한 것처럼 화들짝 놀라더니 후닥닥 연구실 쪽으로 사라졌다.

'결국 떨어진 건가?'

온몸의 힘이 쫘악 빠졌다. 마치 머리 위에서부터 피가 아래로 일시에 빨려나가는 느낌이었다. 그런데 잠시 후 그 후배가 쭈뼛거리며 다시 나왔다. 그리고 우리 시선을 피한 채 기어들어가는 목소리로 말했다.

"철곤이 형은 됐어요."

만세를 부르고 싶었다. 하지만 그럴 수 없었다. 후배의 말 속에는 H형의 탈락 소식이 곁들여진 셈이었으니까. 나는 조심스레 H형의 표정을 살폈다. 그의 얼굴에 절망과 함께 자포자기의 표정이 스쳤다.

"정말 잘된 일이요, 박형."

H형이 애써 웃으며 말했다. 표정은 웃고 있었으나, 그 표정 뒤에 숨은 낙담을 어찌 눈치 채지 못했겠는가. H형은 그날 밤 늦게까지 몇 병의 막걸리를 더 마셨고, 결국 술상 위로 고꾸라졌다.

그즈음 내 머릿속은 이미 2차 시험 준비로 가득 차 있었다. 그 시험을 위해 1분 1초가 아깝게 느껴졌다. 어쩔 수 없는 고시생이었던 것이다. 하지만 실의에 빠진 H형을 외면할 수도 없었다. 나는 녹초가 된 H형을 업고 기숙사까지 왔다. 그리고 며칠 뒤 기숙사를 나갔으므로 더 이상 H형과 술자리를 함께하는 일은 없었다.

이후 몇 년, 나는 H형이 계속해서 1차 시험에서 떨어졌다는 이야기를 들었고, 몇 년 후엔 결국 고시를 포기했다는 소식을 들어야 했다. 그 이후로도 몇몇 소식을 더 들었으나, 그다지 유쾌한 이야기들은 아니었고, 그게 늘 마음이 무겁다.

이것도 법칙인지 모르겠지만, 2차 시험에 합격했을 때도 나는 만세를 부르지 못했다. 2차 시험 발표가 있던 날에는 후배 영선이가 나를 찾아왔다. 그는 발표까지의 피 말리는 시간을 견디지 못하겠던지 초조한 표정으로 불쑥 방으로 들어와 내 손을 잡아끌었다.

"형님. 못 앉아 있겠소. 밖에나 나가봅시다잉."

그렇게 후배의 손에 이끌려 간 곳은 대한극장 앞이었다. 요즘도 동시상영을 하는 극장이 있는지 모르겠는데, 당시에는 그런 극장이 드물지 않게 있었다. 대개 한물 간 영화나 인기 없는 영화 두 편을 동시에 상영하는데, 정말 시간이 남아돌거나 도무지 생각이 정리되지 않을 때 한 번쯤 찾아갈 만한 곳이었다.

그 당시 우리 두 사람 역시 그랬다. 어떻게든 합격자 발표가 날 때까지 아무 생각 없이 머물 곳이 필요했고, 그래서 생각해낸 곳이 바로 대한극장 앞 동시상영 3류극장이었다.

하지만 정작 극장을 나설 무렵 나의 초조감은 절정을 향하고 있었다. 방금 전까지 보았던 영화의 내용 따위는 전혀 기억에 남아있지 않았다. 후배 녀석도 다르지 않았고, 횡단보도 앞에서 머뭇거리던 우리는 곧장 극장 앞 보리수다방으로 들어갔다.

우리 두 사람은 커피를 주문한 뒤 한동안 아무 말도 주고받지 않았다. 이미 합격자 발표 시각을 넘긴 뒤였다. 하지만 선뜻 전화할 용기가 나지 않았다.

"에잇, 더는 못 참겠소잉."

안절부절못하며 커피 잔만 만지던 후배가 벌떡 일어나 다방 안의 공중전화 부스로 갔다. 그리고 아주 느리게 시간이 흘러갔다. 나는 초조한 눈으로 후배의 모습을 바라볼 수밖에 없었다.

한순간, 후배의 얼굴이 칠흑처럼 어둡게 가라앉았다. 그는 힘없는 걸음걸이로 자리로 돌아와 털썩 주저앉았다. 내 가슴이 무겁게 내려앉았다. 분위기로 보아, 결코 좋은 소식은 아니었던 것이다. 하지만 후배의 입에선 뜻밖의 말이 흘러나왔다.

"형님은 됐어라."

맙소사. 그 순간 나도 모르게 벌떡 일어나 만세를 부를 뻔했다. 하지만 방금 전 후배의 표정과 말에서 그가 낙방했다는 사실을 읽지 않았는가. 나는 만세를 부르는 대신 이번에도 그 녀석을 어떻게 위로해야 할지 고민해야 했다.

결국 그날 나는 친구를 불러내 후배에게 술을 사 먹인 뒤 녹초가 된 그 녀석을 기숙사까지 데리고 와야 했다. 그나마 다행인 것은 그 후배가 H형과는 달리, 바로 다음 해 뜻을 이뤘다는 것이다.

다들 아시다시피, 행정고시의 최종 시험인 3차 시험은 면접이다. 특별한 일이 없는 한 그 시험은 통과하게 마련이어서 합격하기보다 떨어지기가 더 어렵다. 그래서 대부분 2차 시험을 통과하는 것으로 행시에 합격했다고 느긋하게 생각하게 마련이다. 하지만 내 경우는 또 달랐다.

제25회 행정고시 3차 면접.

면접관은 1급 공무원 한 명과 교수 한 명으로 구성되었다. 우리 때부터 면접방식이 바뀌어 하루는 개별 면접, 또 하루는 집단 면접을 봐야 했다. 개별 면접을 보는 날, 면접관인 중앙대 박문우 교수가 질문을 던졌다.

"자넨 성적이 아주 좋구먼. 성적이 좋으니 이 정도는 알고 있겠지?"

당혹스러웠다. PPP(Public-Private Partnership)는 개발도상국 개발지원을 공공부문과 민관부문이 협력해 수행하는 접근방식인데, 그때까지만 해도 생소한 개념이었다. 행정학을 공부하면서 PPP라는 용어를 본 적이 없었다.

"솔직히 잘 모르겠습니다. 다만, 민간과 공공부문의 상호 협조를 의미하는 게 아닐까 싶습니다."

대답을 들은 박문우 교수는 아무 말 없이 가보라고 손짓했다. 엉뚱한 대답을 한 것 같아 영 찜찜했다. 차라리 모른다는 답변으로 마무리할 걸, 괜히 미련을 부려 감점을 받는 것은 아닌지 불안했다.

다음 날 집단 면접 때는 더욱 개운치가 않았다. 면접관 두 명을 중심으로 여러 수험생들이 앉아 집단토론을 벌였다. 토론 주제는 '개인적으로 중요한 일과 공무가 충돌했을 때 어느 쪽을 먼저 해결할 것인가?'였다. 면접관이 제일 먼저 지목한 사람이 바로 옆에 앉아 있던 나였다.

"선공후사(先公後私). 원칙에 따라 업무 먼저 처리하고 개인적인 일을 하는 것이 옳다고 생각합니다. 왜냐하면……."

답변이 채 끝나기도 전에 박 교수는, '응 됐어, 다음' 하고 말을 자르며 다른 사람을 지목했다. 기분이 묘했다. 어떤 의도로 말을 자른 것인지 분간이 가지 않았다. 면접이 끝난 후 몇몇 사람에게 이야기했더니 다들 안색이 변하며 좋지 않은 징조라고 걱정스러워했다.

결국 합격 발표일까지 좌불안석하며 불안한 나날을 보냈다. 보통 최종 면접에서 10퍼센트 정도 떨어뜨리는데, 내가 그 안에 들지 않으리란 보장이 없었다.

다행히 우려했던 일은 일어나지 않았다. 1981년 12월 30일, 나는 드디어 제25회 행정고시에 최종 합격했다. 하지만 그때도 나는 만세를 부르지 못했다. 하필이면 그날 내 옆에는, 정말 운 없게도 면접에서 탈락한 J라는 후배가 함께 있었던 것이다.

 다행히 그 친구 역시 다음 해에 최종 합격해 꿈을 이루었으므로 지금은 재미삼아 추억할 수 있게 되었지만, 그 친구 덕분에 나는 끝까지 자신을 위해 만세 한 번 불러볼 수 없는 처지가 되었다. 그것은 두고두고 아쉬운 일이 아닐 수 없다.

뿌리를 뽑아야

나이가 들어 골프도 지치게 되면 난초를 취미로 하게 될지 모르겠다. 하지만 한 가지 분명한 것은 만약 난을 취미로 삼게 되더라도 결코 음풍농월하듯 하지는 않으리라는 점이다. 미친 듯이 책을 파고 애란인들의 난실을 들락거리며 고수가 되기 위해 애쓸 것이다.

나는 뭐든 열심히 하는 편이다. 학창시절엔 책에 묻혀 살았고, 공무원이 되고 나선 일에 미쳐서 살았다. 총리실에 있을 때 가장 흔하게 들었던 말은 '박철곤과 일하면 무지하게 고생한다'였다.

거의 워커홀릭 수준으로 남들이 미처 보지 못한 일을 찾아서 하거나 기피하는 일을 모두 떠맡아 했고, 그러니 함께 일하는 직원들의 고충이 예사롭진 않았을 것이다.

하지만 소문이 꼭 나쁜 것만은 아니었다. 유능한 직원일수록 나와 함께 일하고 싶어했다. 총리실에 떠도는 소문 가운데 '박철곤은 일한 만큼 보상은 확실히 한다'는 이야기도 있었던 것이다.

난 놀 때도 확실하게 논다. 취미도 예외가 아니다. 한번 빠지면 일단 확실하게 전문가 경지에 도달하도록 노력한다. 우선 책을 통해 이론에 통달하고 실제 취미에 몰두한다. 낚시에 빠졌을 때는 잠자리에 누워도 천장에서 찌가 오르락내리락하는 느낌이었다. 젓가락으로 꽁치를 집어 들 때도 마찬가지였다. 바싹 구워진 꽁치가 젓가락 끝에서 파닥거린다는 착각에 빠지곤 했다.

미친다는 것은 무작정 몸을 던지는 게 아니라 그 대상 전체를 확실하게 이해하는 것을 의미한다. 그러니 틈틈이 책을 읽어 모든 이론을 섭렵한다.

그럼 대체 일은 언제 하냐고 묻는 사람들이 있을지도 모른다. 하지만 그것이야말로 하수들의 생각이다. 중요한 것은 시간의 분배다. 미친 듯이 일하고, 미친 듯이 노는 사람들은 결코 어영부영 시간을 보내지 않는다.

무엇보다 그런 사람들에겐 노는 것이 결코 노는 것으로 끝나지 않는다. 가령 일상을 하나의 문장으로 이해한다면 노는 것은 쉼표처럼 그 문장을 적절하게 완성하기 위한 장치가 된다. 제대로 된 여가 활용이야말로 일을 하는 원동력이 되고 삶을 총체적으로 관조할 여유를 준다는 의미다.

낚시에 한창 빠졌을 때 나는 낚시에 관한 책을 쓰고 싶었다. 막연한 경험담이나 허풍에 의지하거나 찌와 표면장력의 상관관계 따위를 따지는 어설픈 과학적 접근이 아니라, 그 둘 아니 그 이상이 조화를 이룬 책을 내고 싶었던 것이다. 하지만 그러기엔 내 필력이 부족했다. 게다가 '현직 공무원이 일은 안 하고 낚시만 다녔나 보다'라는 오해를 사고 싶지 않아 참기로 했다.

이제 그런 오해를 두려워하지 않을 나이가 되었으니 한 번쯤 써볼 수도 있겠으나 문제는 그 사이 내 취미가 골프로 옮겨졌다는 데 있다. 사실 처음엔 골프에 관해 상당히 경계하는 입장이었다. 어쩌다 보니 그것이 한국 사회에서는 꽤나 비싼 스포츠가 되었고, 골프장은 온갖 비리의 온상으로 지탄받곤 했다. 하지만 시간이 흐르며 골프도 점차 대중 스포츠가 되기 시작했고, 나이 든 사람들이 하기에 적당하다는 평도 얻게 되었다.

나도 관절을 염려해야 할 나이가 되다 보니 어찌어찌하여 골프에 입문하게 되었다. 좀 더 솔직히 말해서 내가 골프에 관심을 갖게 된 것은 그 운동이 무척 만만해 보였기 때문이다.

요즘이야 장난감이 지천이고, 컴퓨터 게임이 아이들을 열광케 하지만 우리 어렸을 적엔 구슬치기만 한 놀이가 없었다. 주먹만 한 구멍을 파고 작은 구슬을 굴려 구멍 안에 넣는 게임에서 나는 나름 천재적인 재능을 보였다. 그러니 그 큰 골프공을, 그것도 서 있는 공을 치고 굴려 구멍 안에 집어넣는 놀이가 얼마나 쉬워 보였겠는가.

하지만 막상 골프장에 처음 갔을 때 나는 우선 그 넓은 잔디밭에 당황했고, 내 뜻대로 움직여주지 않는 골프채에 화가 났다. '대체 스코틀랜드의 목동들은 왜 이런 황당한 놀이를 만들어낸 거야?'라며 애꿎은 골프의 선구자들을 탓하기도 했다.

그렇게 된통 모욕을 당하고 나서 특유의 오기가 발동했다. 어려운 일을 만났을 때 도전하는 것은 내 오랜 습성이다. 그 도전에 성공했을 때 얻는 희열과 즐거움은 경험해본 사람만이 느낄 수 있는 것이기도 하다.

무엇이 되었건 한번 시작하면 어느 정도 수준에 오를 때까지 미쳐보라는 게 내 신조다. 미쳐야 뭔가 이룰 수 있고 이룬 다음에야 즐길 수 있다. 재미를 느끼려면 내가 잘해야 하는 것이다. 골프도 예외는 아니었다.

처음 골프에 입문할 때 나에게 골프채 잡는 법을 가르친 코치는 키가 작고 체격이 다부진 사람이었다. 스윙하는 모습이 어딘가 희극적이었지만, 막상 골프를 가르칠 때는 자상하고 더없이 성실한 사람이었다. 더욱이 그 단신의 코치로부터 나는 장타를 칠 수 있는 스윙을 배웠으니 행운이라 할 수 있다.

나는 그에게 두 달 반 레슨을 받는 동안 참 열심히 했다. 매일 아침 다섯 시에 일어나 연습장을 거쳐 출근했고, 일요일에는 몇 시간씩 연습에 매달렸다. 그 다음에는 낚시처럼 책과 실전으로 실력을 쌓았다. 처음엔 평균 타수를 100타 내로 줄이는 것이 과제였다. 그런데 어느 순간 90타 대에서 놀다가 갑자기 80타 대에 쑥 들어갔고 더러는 그 이상을 치기도 했다.

물론 내 수준이 아주 높다고는 할 수 없다. 주위엔 진짜 고수들이 즐비하다. 하지만 이론에 관해선 내가 그 고수들을 능가할 때도 있다. 뭐든 한번 하기로 들면 관련 분야의 책부터 섭렵하는 게 버릇이 되다 보

니 생긴 현상이다.

  무엇인가를 배울 때 책에 집착하는 이유는 간단하다. 가르치는 이의 경험을 신뢰하지 않아서가 아니라 그가 가르치는 것을 하나도 놓치지 않기 위해서다. 최대한 많은 이론 지식을 가져야 선생의 설명을 이해하기가 쉽고 스스로 발전을 위한 노력이 가능하기 때문이다.

  그러다 보니 몸으로 하는 것은 못 해도 눈으로 보고 이해하는 최고수의 실력을 갖추었다고 스스로 자부(?)도 해보곤 한다. 때로는 한창 잘 나가는 현역 프로에게 조언을 하는 착각(?)까지 할 때도 있다. 실소를 금치 못할 일이지만, 무엇보다 내가 즐기는 취미의 본질을 알고 즐길 수 있는 눈과 여유가 생기는 즐거움이 따른다.

  어쨌거나 요사이 내 취미는 낚시에서 골프로 완전히 옮겨온 느낌이다. 편한 사람들을 만나 술을 마시는 자리에서 시종일관 낚시 이야기만 하던 내가 이제는 골프 이야기만 늘어놓고 있다. 그런데 얼마 전 가까운 후배에게서 이런 말을 들었다.

  "선배님. 지금은 골프가 그렇게 재미있을지 몰라도 얼마 뒤엔 제게 난(蘭)을 배우게 될 겁니다. 모든 취미의 종착지가 바로 난이거든요."

  그 후배는 난초를 전문으로 다루는 잡지사 편집장 출신인데, 그가 취재한 대부분의 사람들이 낚시, 바둑, 골프 등 다양한 취미를 거쳐 결국은 난에 다다랐다는 이야기다.

  그리고 보니 더 나이가 들어 골프도 지치게 되면 난초를 취미로 하게 될지 모르겠다. 하지만 한 가지 분명한 것은 만약 난을 취미로 삼게 되더라도 결코 음풍농월하듯 하지는 않으리라는 점이다. 미친 듯이 책을 파고 애란인들의 난실을 들락거리며 고수가 되기 위해 애쓸 것이다.

내가 그런 식의 이야기를 하자 후배는 빙그레 웃었다.

"글쎄요, 선배님이 난을 시작하면 아마 제대로 쉬는 법을 배우게 될 겁니다. 난은 그런 거니까요."

후배의 말은 알 듯도 하고 모를 듯도 하다. 그래서 더 빨려들고 만다. 정말 내 취미의 끝이 난초가 될지도 모른다는 생각이 드는 것이다.

나는

그런 믿음과 신념으로 나는 개인의 이해에 얽매이지 않고 국가와 민족, 조직을 위해 일했다. 그 결과 돈과 권력과는 비교할 수도 없는 명예를 얻었다. 결코 후회 없는 인생이었고, 스스로에게 떳떳한 삶이었다.

다시 1982년 3월 21일로 돌아가보자. 중앙공무원교육원 정문 안쪽의 입석 앞에 서 있던 한 젊은이의 시간으로.

'내 일생 조국과 민족을 위해'

그 입석의 문구를 보며 나는 어떤 모습의 공직자가 될지, 어떤 가치를 위해 살아갈 것인지 진지하게 고뇌했다.

공직생활을 통해 얻을 수 있는 것은 크게 돈, 권력, 명예 세 가지다. 그중 나는 무엇을 얻을 것인가. 돈? 공직생활을 하면서 돈을 추구하는 것은 그리 떳떳한 일이 아니라 생각했다. 돈을 제일의 가치로 여기며 살고 싶다면 사업을 하는 것이 옳다. 그래야 당당하게 큰돈을 벌 수 있다. 공직자의 월급은 생각보다 많지 않다. 그러니 정상적인 방법으로 큰돈을 벌기란 사실상 불가능하다.

그렇다면 권력은 어떨까? 나랏일을 하고 싶다는 꿈을 꾸었지만 권력을 탐한 적은 없다. 원래 권력이란 무상하고 실체가 없는 것 아니던가. 세상의 어떤 권력자도 그 권력을 온전히 자기 것으로 소유한 적이 없다. 남이 자기에게 쥐어준 칼자루를 임시로 보관하는 것일 뿐, 언젠가는 그 칼자루를 놓아야 하는 순간이 온다. 그것이 권력이다.

잘못 휘두르면 그 날카로운 서슬에 내가 베일 수도 있다. 그것이 또한 권력이다. 그 허망한 권력을 추구하면서 다른 사람 마음 아프게 하고 원망을 들을 필요가 있을까? 역시 권력도 내가 추구할 만한 가치는 아니란 판단이 섰다.

돈과 권력을 제외하면 명예만 남는다. 나는 국가의 미래를 위해 적극적이고 창조적이고 진취적으로 일하고 싶은 마음에서 행시에 합격해 공직지기 되었다. 초심을 잃지 않고 국가와 역사를 위해 일했다는 평가를 받을 수 있다면 더 이상 바랄 게 없겠다고 생각했다. 하여 나는 청렴하고 헌신적인 공무원이라는 명예야말로 최고의 가치라는 결론을 내렸다.

명예만 추구하는 공직자가 되겠다는 결심. 몇 년 전 공직을 떠날 때까지 나는 그 결심을 한시도 잊은 적이 없다. 그래서 돈 생기는 자리, 권력이 막강해 서로 가려고 하는 자리는 일부러 피했다. 오직 일만 하는 자리를 찾아다녔다. 일만 하는 자리는 일할 때는 힘들지만 보람이 남는다.

그런 믿음과 신념으로 나는 개인의 이해에 얽매이지 않고 국가와 민족, 조직을 위해 일했다. 그 결과 돈과 권력과는 비교할 수도 없는 명예를 얻었다. 가난하지만 결코 후회 없는 인생이었고, 스스로에게 떳떳한 삶이었다.

다시 돌이켜보아도 나는 공직에 입문하기 전이나 입문한 후나 가난하게 살았지만, 마음만은 언제나 부자로 살아왔다. 소박하게 사치와는 담을 쌓고 살아왔지만 화려한 인생을 살아왔다. 철저하게 나를 버리고 국가에, 국민에, 공무에 올인하는 삶을 살았지만 결과적으로는 내가 가장 큰 혜택을 받는 나를 위한 삶이 되었다.

하여 나는 지금의 내가 있도록, 0.001퍼센트의 확률이 가능하도록 도와준 많은 분들께 마음속 깊은 곳으로부터 우러난 감사의 말씀을 드린다. 내가 지키고자 했던 것은 그분들을 위한 명예이기도 하였으므로.

머슴이나 보내지, 공부는 무슨

초판 1쇄 인쇄일 | 2014년 1월 10일
초판 1쇄 발행일 | 2014년 1월 14일

지은이 | 박철곤
펴낸곳 | 북마크
펴낸이 | 정기국
책임편집 | 이헌건
편집장 | 김세라
편집 | 조문채 / 김병민
디자인 | 구정남 / 최원용
관리 | 안영미

주소 | 서울특별시 중구 퇴계로42길 26(중앙빌딩 2층)
전화 | (02) 325-3691
팩스 | (02) 335-3691
홈페이지 | www.bmark.co.kr
등록 | 제 303-2005-34호(2005.8.30)

ISBN | 978-89-92404-93-8 03810
값 | 15,000원

이 책은 저작권법에 따라 보호를 받는 저작물이므로
무단전재와 무단복제를 금하며,
이 책 내용의 전부 또는 일부를 이용하려면
반드시 저작권자와 북마크의 서면동의를 받아야 합니다.